EDAF

MADRID - MÉXICO - BUENOS AIRES - SAN JUAN - SANTIAGO

GUILLERMO SHAKESPEARE

MACBETH
OTELO
JULIO CESAR

Prólogo y Cronología de
FRANCISCO GARCÍA PAVÓN

BIBLIOTECA EDAF
124

Director de la colección:
MELQUÍADES PRIETO

Diseño de cubierta: GERARDO DOMÍNGUEZ

© De la traducción: M. MENÉNDEZ Y PELAYO: *Macbeth, Otelo*
J. A. MÁRQUEZ: *Julio César*
© 1981. De esta edición, Editorial EDAF, S.A.

Editorial EDAF, S. A.
Jorge Juan, 30. 28001 Madrid
http://www.edaf.net
edaf@edaf.net

Edaf y Morales, S. A.
Oriente, 180, nº 279. Colonia Moctezuma, 2da. Sec.
C. P. 15530. México, D. F.
http://www.edaf-y-morales.com.mx
edafmorales@edaf.net

Edaf del Plata, S. A.
Chile, 2222
1227 - Buenos Aires, Argentina
edafdelplata@edaf.net

Edaf Antillas, Inc
Av. J. T. Piñero, 1594 - Caparra Terrace (00921-1413)
San Juan, Puerto Rico
edafantillas@edaf.net

Edaf Chile, S.A.
Huérfanos, 1178 - Of. 506
Santiago - Chile
edafchile@edaf.net

15ª. edición, mayo 2004

Depósito legal: M-24.141-2004
ISBN: 84-7166-620-0

PRINTED IN SPAIN   IMPRESO EN ESPAÑA
Gráficas COFAS, S.A. Pol. Ind. Prado de Regordoño - Móstoles (MADRID)

INDICE

PRÓLOGO

PRÓLOGO

Desde el siglo XVIII, historiadores de la literatura y especialistas en Shakespeare clasificaron sus obras con los más variados criterios, para intentar esclarecernos tantos aspectos, espacios y tiempos de su estética y biografía, que no dejan traslucir los escasos datos indiscutibles que nos llegaron de su existencia y quehaceres.

Pero estas clasificaciones, como tantas veces se ha dicho, antes son ejercicios mnemotécnicos que escalones que nos lleven a su última esencia de creador. Veamos, como ejemplo de estas catalogaciones de sus obras, una que podríamos calificar de temática.

1.ª DRAMAS HISTÓRICOS INGLESES *(histories)*, crónicas en cuya primera serie hay piezas que no son exclusivamente suyas: *Enrique VI* (partes I, II y III), *Ricardo III* y *Enrique VIII*. Segunda serie que no sigue la cronología de las historias anteriores: *Ricardo II*, *Enrique IV* (partes I, II y III) y *Enrique V*.

2.ª DRAMAS DE TIEMPOS ANTIGUOS: *Tito Andrónico* (sólo una parte es de Shakespeare); *Pericles, príncipe de Tiro*; *Timón de Atenas*; *Troilo y Crésida*; *Julio César*; *Antonio y Cleopatra*, y *Coriolano*.

3.ª GRANDES DRAMAS LLAMADOS HUMA-
NOS: *Romeo y Julieta; Hamlet; Otelo; Macbeth; El rey Lear.*

4.ª COMEDIAS: *Trabajos de amor perdidos; Comedia
de las equivocaciones; Los dos hidalgos de Verona; Sueño de
una noche de verano; El mercader de venecia; La doma de la
bravía; Las alegres comadres de Windsor; Mucho ruido para
nada; Como gustéis; Noche de Reyes o lo que queráis; A buen
fin no hay mal principio; Medida por medida; Cuento de
invierno; La tempestad.*

Clasificación que, como es fácil apreciar, sólo puede facili-
tar unos datos muy externos del arte de Shakespeare... Arte
que, en su fondo más auténtico, y aparte de tantas variedá-
des, exterioridades cronológicas, temáticas y preceptivas, fue
uno, solamente uno, el inequívoco arte dramático de Shakespeare.

Para mayor ejemplo de la ambigüedad de estas ordenacio-
nes, y como consuelo de que no hay otras, los tres dramas de
Shakespeare incluidos en este volumen, *Macbeth, Otelo,
Julio César,* suelen ser encuadrados de las siguientes y vario-
pintas maneras, en algunas de las clasificaciones más publicadas, considerándolos:

«MACBETH»
Y
«OTELO»

- Grandes dramas de los llamados
  humanos.
- Tragedias pasionales.
- Concebidos en su época de comedias amargas y grandes tragedias
  propias de su gran pesimismo personal, ocasionado por la desapari-
  ción de Isabel I, cambio de la mentalidad popular, y muerte del hijo
  de Shakespeare.
- Equilibrio en sus obras entre expresión y pensamiento.

«JULIO CÉSAR»
- Clasificado entre los llamados dramas de la Antigüedad.
- En el grupo histórico y cómico (según los temas) de sus treinta y siete obras teatrales.
- Escrito en la época de sus grandes entusiasmos juveniles (1590-1601).
- Nacido en el período de los grandes triunfos que halagaron el orgullo de la Inglaterra isabelina.
- Escrito en aquella etapa de su creatividad en la que expresión y poesía superaban la fuerza de su pensamiento.

... Claro que, para compensar tantas ambigüedades, a la hora de definir las obras de Shakespeare, y su mal conocida personalidad como hombre, recordemos aquellas palabras de Eliot: «Es probable que nunca podamos acertar sobre alguien tan grande como Shakespeare... Y si nunca podremos acertar, más vale que cambiemos de cuando en cuando nuestro modo de estar equivocados...»

ESTÉTICA DE SHAKESPEARE

Casi ningún drama de Shakespeare, por el tema, fue invención suya. Lo que está totalmente probado es que Shakespeare no fue o no quiso ser fabulador en el sentido más exterior del término. Claro que esta tendencia a tomar o recrear asuntos o argumentos de obras anteriores, y no digamos de historias, crónicas y leyendas, tan frecuente en aquella época —recordemos la abundancia de estas nuevas versiones de obras anteriores o de temas del romancero en el Siglo de Oro del teatro español—, rara vez lesionaba la fama del autor repetidor. El centrar la originalidad de un autor en la falta de antecedentes temáticos fue criterio muy posterior.

Sí, la mayoría de sus dramas y comedias se derivaban de historias muy conocidas a través de crónicas, novelas, y no digamos de comedias italianas, hasta las Dell'Arte. En su sentido más directo y elemental, Shakespeare no inventó historia alguna. Sus escritos son arreglos de textos más o menos conocidos.

Para valorar este talento creador de Shakespeare, se han dicho mil cosas, siempre elogiosas. A manera de muestra, veamos algunas de Hipólito Taine:

«... Los temas históricos o ya tratados despertaban de tal manera su fantasía y novedad creadora, que prescindió de exactitudes y claridades, para alcanzar la vida...»

«Fue el más extraordinario forjador de almas; el más capaz de ponernos delante de personas vivas, sus criaturas; y aceptaba la naturaleza a la vez que la repudiaba enteramente...»

Veamos ahora otras apreciaciones de Priesley:

«... Se ha dicho de Shakespeare que fue el primer gran escritor que se dejó absorber por las pasiones y dar la sensación de que sus personajes revelan algo más importante que ellos mismos, algo por encima de la humanidad.»

«... Se le transparentaba un fondo religioso, pero amplísimo, pues reconocía que la vida es un misterio, que el hombre y la naturaleza son representaciones simbólicas... Y no tenía una conducta inflexible; toda la filosofía que nos muestra es la de su tiempo, la de su ambiente...»

«... Su imaginación apasionada se refleja en todas sus criaturas: fantasía diabólica, imágenes inagotables, caricaturas, suciedades...»

Dice Eliot:

«... Su estilo, que tan pronto alcanzó una singularidad inimitable, le llegó, generación tras generación, del teatro más típicamente medieval, y de autores antepasados y contemporáneos, desde Lily a Marlowe; de los españoles, que no llegó a conocer; y desde luego fiel al ambiente en que vivió.

«... Shakespeare hizo repetir a Hamlet la idea platónica de que el arte es una imitación de la naturaleza, que tan gustosamente aceptaron luego los románticos a la hora de fundir la comedia y la tragedia, lo cómico y lo sublime, como ocurre en la vida misma...»

«... Shakespeare no fue un realista, copiador directo de la vida. Todo lo agiganta, lo idealiza, y sus héroes adquieren una grandeza de significados incomparables...»

Sí, los comentaristas concuerdan en que Shakespeare fue el más gigantesco transformador de lo que ya existía escrito, más o menos logradamente.

Y esta capacidad reencarnadora del autor inglés hizo pensar a muchos grandes comentadores de sus obras, como Tolstoi y el mismo Voltaire, que su talento nacía de una inspiración divina, de una fuerza superior de la naturaleza. Pero según testimonios contemporáneos, como todos los grandes escritores, fue un trabajador tenaz y metódico. Sí, en efecto, entre sus primeros dramas históricos encontramos simples historias dramatizadas, pero la mayor y mejor parte de sus obras están conseguidas con minuciosa labor. Minuciosidad y perfección mucho más apreciable para los espectadores que para el lector.

Sus tragedias y dramas, más que referirse a casos aislados, a un ser particular, tienen una capacidad simbólica universal. La potencia creadora de Shakespeare va más allá del medio teatral inmediato.

Goethe decía que la obra de Shakespeare resultaba demasiado compleja para quedarse en el escenario; que era pura poesía, escrita como diálogo por las razones profesionales del autor, pero que por ello continúa siendo pluralmente expresiva, y su destino adecuado habría sido el libro. Es muy posible que Goethe se refiera a las dificultades de actores y «autores» para poner en escena estos dramas, con frecuencia desvirtuados y empequeñecidos. Pero Shakespeare, no cabe duda, tiene las cualidades más idóneas del gran dramaturgo, por su capacidad para aparecer tan diferente en cada personaje, y hacer vivir la vida más íntima de éstos.

Sobre el sentir religioso manifiesto en la obra de Shakespeare, al que ya hemos aludido, como sobre todos los demás aspectos de su vida, hay muchas interpretaciones: la de quienes siempre vieron en él al hombre nuevo, nórdico, libre, reformista y enemigo de las intransigencias espirituales y retóricas del catolicismo medieval; y para quienes fue agnóstico y amoral, sin norte religioso ni ético.

Sin embargo, los estudiosos y biógrafos más objetivos parecen convenir que en toda su obra se aprecian sutiles evoluciones. En sus primeros treinta dramas —dramas y comedias— les parece manifiesto un mundo regulado por la Iglesia y juzgado de acuerdo con la moral tradicional... Después, se quiere apreciar en sus obras una crisis, consecuencia de varios motivos: el, digamos «sensual», reflejado más o menos ambiguamente en sus *Sonetos;* los familiares, por las muertes de su hijo y de su padre; el espiritual, al conocer a los italianos prófugos que llegaron a Londres, y posiblemente una crisis intelectual provocada por la lectura de Montaigne y otros autores, que lo condujeron al pesimismo reflejado en *Hamlet, Macbeth* y *El rey Lear.*

Igualmente, se especula con la teoría de que el poeta superó estas crisis, más que por una reacción religiosa, por la vía filosófica, manifiesta en algunas de sus últimas obras, como *La tempestad.*

A la hora de resumir, en lo posible, quienes lo consideraban católico por razones familiares, dicen que dejó de simpatizar con Isabel I desde que mandó ejecutar a su correligionario Essex, y que murió al amparo de las indulgencias propias del rito romano... Y para los comentaristas menos propensos a estas parcialidades, como Chesterton, Shakespeare, más que incondicional de cualquier rigor católico o reformista, evidenció una moral natural, del pueblo llano, sin rigideces, más aproximada a la moral tradicional cristiana... Aunque, naturalmente, esta su moral natural y campesina ofreciera fluctuaciones.

SHAKESPEARE ACTOR

Punto de su biografía que también queda, como todos, poco clarificado es su calidad de actor.

Fue muy repetida su condición de actor nada sobresaliente, y que nunca desempeñó papeles importantes.

Para muchos, esta calificación no es cierta, pues parece haber algunos testimonios de que en los repartos de sus propias obras desempeñó papeles de la más variada categoría. Se dice que es verdad que en *Hamlet* hizo alguna vez de espectro; y sin embargo, en *Enrique IV* y en *Las alegres comadres de Windsor* tuvo a su cargo el papel importantísimo de Falstaff.

Quedan algunas referencias de sus contemporáneos que lo consideraban actor digno de elogio. Así, su colega Breston lo conceptuó de «bueno». Y su rival en todo, Ben Jonson, dijo de él por escrito: «Hermoso como Apolo. Seductor como Mercurio... Y sus acentos hacían vibrar el escenario...»

Drayton también afirmó: «Su vena cómica era tan apropiada como poderosos sus furores trágicos...»

«OTELO, EL MORO DE VENECIA»

El argumento de *Otelo* procede de un cuentecillo de los *Hecatommithi*, de Eraldi Cinthio de Ferrara, que publicó por vez primera en 1565, con el título de *Un capitán moro*. Cuento de escaso interés, que el genio de Shakespeare transformó en una de sus obras maestras. Se suele considerar *Otelo, el moro de Venecia*, título que le dio Shakespeare a su obra, su drama más directo. Único en su bibliografía sin desviaciones cómicas y corales. En él desaparecen los variados escenarios de sus dramas —ciudad, secta o familia— para centrarse todo en un hombre, Otelo, que antes que por celos —como señaló Coleridge—, en el fondo se desespera porque le han destruido su mundo ideal, basado en la pureza de Desdémona. Sí, Otelo es el tipo de celoso susceptible, incapaz de soportar la más improbable sospecha de que ella pudiera engañarlo. En el drama de Shakespeare, Otelo aparece ante el espectador como esposo ingenuo y confiado, ya que el verdadero protagonista es su enemigo Yago, perverso y frustrado, que no soporta a su lado un amor de verdad. Drama totalmente psicológico, que culmina con la crueldad mayor. Tragedia lograda por la sospecha, insignificante, que paso a paso convierte al hombre honesto, noble e ingenuo, en homicida.

Este drama, se dice que como obsequio a Jacobo I, lo escribió el otoño del mismo año en que subió al trono el heredero de Isabel I. Se estrenó, según los documentos reales, exactamente el día 1.º de noviembre de 1603, en Banagueting House, Palacio de Whitehall, aunque el texto no se publicó, como la mayor parte de los de Shakespeare, hasta después de su muerte, el año 1621.

«JULIO CÉSAR»

Desde Goethe se viene diciendo que, en sus dramas, Shakespeare solía presentar a los romanos del Imperio como a señores de su Inglaterra contemporánea; es decir, como si se tratase de capítulos de la historia inglesa, dramatizados, y con agonistas vestidos de romanos... Pero la verdad es un poco al revés: cuando Shakespeare dramatiza capítulos de la historia inglesa, también agiganta a sus compatriotas y los hace héroes.

En este drama, aunque Julio César desaparece al iniciarse

el tercer acto, continúa trágicamente vivo para el espectador hasta la última escena.

Se valió de las *Vidas paralelas,* de Plutarco, sobre todo de la de Bruto, y posiblemente apenas consultó las de César y Antonio, por lo que Bruto es el verdadero héroe de la tragedia.

También se ha dicho de este drama que los nombres y sucesos son romanos, y los sentimientos y situaciones del pueblo, isabelinos. Pero la verdad es —según otros apreciables asertos— que Shakespeare recreó verdaderos tipos romanos, como el poderoso César, Bruto el idealista, y Antonio el demagogo..., aunque el pueblo allí presente sea el de todos los tiempos y países.

Todavía otro parecer sobre *Julio César.* Aportaron varios e importantes comentaristas un matiz a esta dualidad romano-inglesa de *Julio César.* Decían que se diferenciaba de otros dramas históricos en que Shakespeare comprendió muy bien la historia de su patria, pero no tan bien la de los romanos. Por ello, la conjuración contra César la creyó condenable, como si hubiera ocurrido en Inglaterra, y de acuerdo con la mentalidad británica... Cuando realmente fue una contrarrevolución perfectamente justificable.

En sus dramas históricos, Shakespeare siempre se inclinó hacia la parte de la autoridad legítima, aunque estuviera en manos indignas... Como ya indicamos, más allá de las normas tradicionales la política no pareció importarle mucho a Shakespeare hasta 1601, cuando la reina Isabel I mandó ejecutar al conde de Essex y encarcelar al conde de Southampton, amigos y correligionarios suyos.

«MACBETH»

Se considera el drama de Shakespeare más próximo a *Otelo,* por el reducido espacio humano en que se mueven los personajes. Se valió de leyendas medievales escocesas y cristianas, del hombre honrado, pero vencido por la tentación, aquí simbolizada en las brujas; y la instigación invencible de su ambiciosa y terrible mujer, para que mate al rey. Homicidio que él, a pesar de su ambición, no se determina a llevar a cabo.

Por fin la tentación puede con todas las virtudes cristianas de Macbeth, y una vez asesinado el rey, él ya no puede contener su sed de sangre, y con la justificación de su primer crimen, pierde la razón, el sueño, la paz y, por fin, la vida.

Parece que le llegó esta idea a Shakespeare en un momento en el que prefirió las viejas crónicas escocesas a las inglesas. Y para ello, según sus biógrafos, tuvo varias razones: el primer Estuardo, Jacobo VI de Escocia y I de Inglaterra, reina desde 1603; el patriotismo de Shakespeare, como ha sido tan repetido, se quebrantó a partir de 1601. Y la causa, la historia de Banquo, el legendario antepasado de los Estuardos, según Astrana Marín, es sólo un episodio del drama, cuyo tema fundamental es el amor propio de Lady Macbeth, que incitará a su esposo a matar al rey Banquo, para poder ambos subir al trono. Aquí, el magisterio de Shakespeare, y su conocimiento de la condición de los hombres, al retratar a estos dos tipos de asesinos, llevándolos a las montañas de Escocia donde viven tantas brujas.

Al año siguiente, otra vez un tema de la prehistoria: *El rey Lear.* Punto culminante de su talento, *El rey Lear* y *Macbeth,* la tragedia de la ambición. Inferior a *Hamlet* y a *El rey Lear,* porque en estas dos ahonda más en el entendimiento de las pasiones, aunque Macbeth las aventaja por su nervio dramático. Tragedia paradigmática, armonía entre la acción y los caracteres.

Los sucesos de que se valió el autor se encuentran en una obra, impresa en París el año 1520, bajo el título *Scotorum Historiae,* de Hector Boöthius. Traducida el año 1541 al escocés por John Ballenden y luego reproducida por Holinshed en su *Chronicle of England, Scotland and Ireland* (1577), y que aprovechó Shakespeare para *Macbeth* y todos sus dramas de las historias inglesas y escocesas. Documentos de esta crónica, que como siempre recreó con entera libertad, ya que lo fundamental para él, más que la historia en sí, era el hombre y sus pasiones. Por ello, lo que menos importó a los espectadores y lectores de tantos tiempos es que Macbeth fuese o no personaje histórico.

Por otra parte, en 1778 se descubrió el manuscrito de *The Witch (Las brujas)*, de Middleton, fechado en 1610, muy semejante al *Macbeth* de Shakespeare. ¿Quién plagió a quién? La opinión más acertada fue la de Clarky Wright, que vino a decir que no había certeza de que el texto de Macbeth saliese enteramente de la pluma de Shakespeare. Hay trozos que no nos recuerdan su estilo, y sí el de Middleton. Y se impuso el criterio de que *Macbeth* ha sufrido en épocas determinadas distintas adiciones. Que el colaborador, probablemente el mismo Middleton, tomó de *Las brujas* algunas canciones y escenas destinados a prolongar la presencia de las brujas en el escenario, y a añadir algunos pasos de baile.

Se ignora la fecha de la primera representación de *Macbeth*. Parece cierto que fue posterior al advenimiento de Jacobo I (1603), y anterior a que fuese representado en el teatro el «Globo» en Londres, la noche del sábado 20 de abril de 1610. Sí parece seguro que *Macbeth* no fue impreso hasta 1623.

Decía Schlegel que, desde *Las Furias* de Esquilo, nada tan grande ni tan terrible se había producido jamás… «Las brujas no son las divinas Euménides, son vulgares instrumentos del infierno, que supo pintar de manera mágica. En la corta escena que aparecen, ha creado para ellas una lengua mágica, que aunque compuesta de elementos ordinarios, semeja una colección de fórmulas de encantamiento. El sonido, la palabra, la acumulación de mimos y el ritmo de los versos logran la música sorda que puede acompañar a una danza de brujas…»

CRONOLOGÍA DE SHAKESPEARE

1564. Nace en la ciudad de Stratford-on-Avon, en el condado de Wazwickshire, llamada la «ciudad del catolicismo», de familia acomodada por la rama materna. Fue bautizado el día 26 de abril del mismo año según el antiguo calendario, y en la partida de nacimiento se le llama Gulielmos Filius Johamnnis Shakespeare (aunque este nombre varía en diferentes documentos de su vida). Así, en la partida de defunción constaría como Will Shakespere; en una lista de testigos: Sackesper, etc. Sus padres fueron John Shakespeare, comerciante acomodado y con importantes cargos en la ciudad, y su madre Mary Ardem.

1579. Por razones, al parecer políticas, no del todo aclaradas, su padre perdió su posición social y económica, y William tuvo que abandonar sus estudios y ponerse a trabajar como dependiente de comercio y en otros diversos empleos. Parece que uno de ellos fue en la enseñanza; es de suponer que en un grado muy elemental.

1582. Se casó a los dieciocho años con Anna Hathaway, mayor que él —tenía veinticinco años—. Según la tradición, era mujer muy elemental, y no fueron felices. Tuvieron tres hijos, y la mayor, Susana, nació seis meses antes del matrimonio.

1585. Tuvo dos hijos gemelos, Judith y Hamnet.

1586. Marchó solo a Londres en busca de trabajo. Se dijo que antes estuvo preso por cazador furtivo. Como en el teatrito de su ciudad natal, llamado el «Teatro», tuvo un puesto, se especuló con que esta pequeña experiencia condicionase su marcha a Londres, en uno de cuyos teatros empezó en seguida a trabajar como guardacoches, después como actor modesto, y luego como arreglador y adaptador de obras ajenas.

1592-
1593. Se relaciona en Londres con su paisano Richard Field, editor importante, que le publica sus primeros poemas, *Venus y Adonis* y *La violación de Lucrecia*, que lo relacionaron con el mundillo literario londinense.

1593-
1594. Durante los años de la epidemia de peste, las compañías emigraron de Londres y Shakespeare compuso, aprovechando sus probables vacaciones, o al menos mayores descansos, dos poemas extensos, *Venus y Adonis* (1593) y *Violación de Lucrecia* (1594), ambos dedicados al joven conde de Southampton..., quizá el mismo «joven rubio» «W. H.» a quien dedicó sus primeros ciento veintiséis sonetos, y cuyas relaciones con Shakespeare fueron capítulo muy discutido en su biografía.

1594. Vuelto a Londres, Shakespeare era ya actor, autor y consocio de la compañía de Lord Chamberlain's Men en el «Teatro».

1595. El «Teatro» es demolido, y en su lugar se levanta el «Globo», construido por Richard en sociedad con Shakespeare e inaugurado con su *Enrique V*.

1597. En su ciudad natal, compra una residencia llamada New Place.

1598. El prestigioso universitario Francis Meres proclama que Shakespeare era un dramaturgo, análogo a los clásicos en lo trágico y en lo cómico.

1599. La reina Isabel, desde esta fecha llama a la compañía del «Globo» a palacio, dado el prestigio de Shakespeare, para las fiestas de Navidad.
Conceden al padre de William un escudo nobiliario, que pretendió durante mucho tiempo, con un grifo que blandía una lanza en campo de estrellas.

1601. Muere su padre, John.

1616. Poco después de escribir su testamento, en el que deja a su mujer «la segunda de mis mejores camas», murió el 16 de abril y fue enterrado en la iglesia de Stratford-on-Avon. Desde 1613, después que el teatro el «Globo» fuera destruido por un incendio, marchó a vivir a Stratford-on-Avon, donde rico y retirado del trabajo llevó una vida tranquila durante sus últimos tres años.

BIBLIOGRAFÍA

William Shakespeare, parece que por abandono o conveniencias profesionales, nunca se ocupó de la publicación de sus obras. De las 37 piezas que se le han atribuido, sólo 16 fueron publicadas mientras vivía, y algunas en ediciones piratas.

1623. Después de su muerte, sus dos amigos John Heminge y Llendy Condell publicaron un volumen con sus obras, que dividieron en tres grupos: dramas históricos, comedias y tragedias. Éste es el célebre *Folio*, sin el que se hubiera perdido toda su producción.

1632-
1663. Volvió a imprimirse el *Folio*, hasta que entre 1709 y 1799 aparecieron ya setenta ediciones de su teatro.

1709. La primera biografía de Shakespeare la publica Nathaniel Rowe.

SHAKESPEARE EN ESPAÑA

1772. Llega a España el teatro de Shakespeare cuando don Ramón de la Cruz tradujo el *Hamlet*, que tituló *Hamleto*, a través de una versión francesa.

1798. Don Leandro Fernández de Moratín hace la segunda traducción del *Hamlet*.

1862. El gran actor Isidoro Máiquez representa, por primera vez que se sepa, una obra de Shakespeare: El *Otelo*, según traducción de Teodoro de la Calle.

1881. Traducciones de don Marcelino Menéndez y Pelayo.

1900. Desde este año, la filmografía de Shakespeare cuenta con cerca de 200 películas.

1932. Se construye en Stratford-on-Avon el *Shakespeare Memorial Theatre*, por suscripción internacional.

APÉNDICE A LA CRONOLOGÍA

Como apéndice, una vez sintetizada la biografía real de William Shakespeare —que a pesar de su parvedad documental es la más conocida de casi todos los escritores ingleses coetáneos—, conviene recordar a los nuevos lectores algunas de las biografías legendarias que le inventaron mucho después de su muerte.

Al Shakespeare, símbolo del posterior Romanticismo, como genio surgido prácticamente de la nada, fruto impar de la naturaleza, se le quiso convertir en protagonista de algunas historias misteriosas y rocambolescas, por ciertos elitistas ingleses, a quienes resultaba difícil admitir que un hombre de tan extraordinarias cualidades creadoras hubiese surgido del pueblo y no de gentes elevadas social e intelectualmente, o al menos «creado» por circunstancias singulares.

El catálogo de estas ficciones biográficas, hoy totalmente desestimado, ya de vuelta a la breve pero inamovible verdad documental, podría resumirse así:

Tan magistral obra no podía por menos que deberse a una gran figura de la cultura inglesa, a quien Shakespeare, simple actor y director de teatro, prestó su nombre, para evitar que el del verdadero autor se mezclase con la gente de la farándula, tan desprestigiada entonces socialmente. Este famoso y encubierto intelectual fue identificado primero con Francis Bacon, famoso filósofo y político.

Otra versión: William Shakespeare fue seudónimo colectivo de un grupo de escritores ilustres, que en colaboración escribieron las obras que llevan su nombre, llegando incluso a querer probar que en los dramas y comedias de Shakespeare había huellas de los estilos de los supuestos autores encubiertos.

Que el verdadero autor de su teatro pudo ser un gran hombre, amigo de Shakespeare, como Lord Rutland, el conde de Derby; Edward de Vere, conde de Oxford, o alguno de los sabios italianos emigrados a Londres por motivos religiosos. Vg. Giordano Bruno o Giovanni Florio, que no cabe duda influyeron en Shakespeare, pero nada más.

Pero todas estas teorías no pasan de ser invenciones ingeniosas, rebuscadas e infantiles, compuestas por comentaristas ganosos de llamar la atención, y en seguida desterradas por sus biógrafos y comentaristas más responsables.

Francisco GARCÍA PAVÓN

MACBETH

PERSONAJES

Duncan, rey de Escocia.
Malcolm, \
Donalbain, / hijos del rey de Escocia.
Lady Macbeth.
Macbeth,
Banquo,
Macduff,
Lennox,
Ross, } señores escoceses.
Anguss,
Menteith,
Caithness,
Lady Macduff.
Fleancio, hijo de Banquo.
Suardo, señor de Northumberland, y su hijo.
Seton, oficial de Macbeth.
Hécate.

Un niño, hijo de Macduff. Un doctor inglés. Otro escocés. Un sargento. Un viejo. Un portero. Una dama de lady Macbeth. Nobles, guerreros, asesinos, criados, espías, etc. Tres brujas. Varios fantasmas.

La escena tiene lugar en Escocia, desarrollándose sólo una parte del cuarto acto en Inglaterra.

ACTO PRIMERO

ESCENA PRIMERA

Tarde tempestuosa

Tres Brujas

Bruja 1.ª—¿Cuándo volvemos a juntarnos: cuando relampaguee, cuando truene o cuando llueva?

Bruja 2.ª—Cuando acabe el estruendo de la batalla, y unos la pierdan y otros la ganen.

Bruja 3.ª—Entonces será antes de ponerse el sol.

Bruja 1.ª—¿Dónde hemos de encontrarnos?

Bruja 2.ª—En el yermo.

Bruja 3.ª—Allí toparemos con Macbeth.

Bruja 1.ª—Me llama Morrongo.

Bruja 2.ª—Y a mí, el Sapo.

Las tres juntas.—El mal es bien, y el bien es mal: cortemos el aire y la niebla.

ESCENA II

Campamento

Duncan, Malcolm, *un* Escudero, *un* Sargento, Lennox *y* Ross

Duncan.—¿Quién es aquel herido? Quizá nos traiga nuevas del campamento.

Malcolm.—Es el escudero que puso en peligro su vida por salvar la mía. ¡Buenas tardes, amigo! Cuenta tú al rey el estado del combate.

ESCUDERO.—Sigue indeciso, semejante a una lucha entre dos nadadores que quieren mutuamente sofocarse. Con el traidor Macdonnell, en quien se juntan todas las infamias, van unidos muchos caballeros y gente plebeya de las islas de Occidente. La fortuna, como ramera, les otorga sus favores, pero en vano, porque el fuerte Macbeth, hijo predilecto de la victoria, penetra entre las filas hasta encontrarle, y le corta la cabeza, y la clava sobre nuestras empalizadas.

DUNCAN.—¡Bravo caballero, ornamento de mi linaje!

ESCUDERO.—Así como el sol de la mañana produce a veces tempestad y torbellinos, así de esta victoria resultaron nuevos peligros. Óyeme, rey. Cuando el valor, brazo de la justicia, había logrado ahuyentar a aquella muchedumbre allegadiza, he aquí que se rehace el de Noruega y arroja nuevos campeones a la lid.

DUNCAN.—¿Y entonces no se desalentaron Macbeth y Banquo?

SARGENTO.—¡Desalentarse! ¡Bueno es eso! Como el águila viendo gorriones, o el león liebres. Son cañones de doble carga. Con tal ímpetu menudearon sus golpes sobre los contrarios, que pensé que querían reproducir el sacrificio del Calvario. Pero estoy perdiendo sangre, y necesito curar mis heridas.

DUNCAN.—Tan nobles son como tus palabras. Buscad un cirujano. Pero ¿quién viene?

MALCOLM.—El señor Ross.

LENNOX.—Grande es la ansiedad que su rostro manifiesta. Debe ser portador de grandes nuevas. (*Entra Ross.*)

ROSS.—Poderoso monarca, vengo de Faife, donde el aire agita en mengua nuestra los estandartes noruegos. Su rey, con lucida hueste y con ayuda del traidor señor de Cawdor, renovó la lucha, pero el terrible esposo de Belona, cubierto de espesa malla, les resistió brazo a brazo, y hierro a hierro, y logró domeñar su altivez y postrarla por tierra. Al fin, logramos la victoria.

DUNCAN.—¡Felicidad suprema!

ROSS.—El rey Suenon de Noruega quería capitular, pero no le permitieron ni aun enterrar sus muertos sin que pagara antes la isla de Colme la contribución de guerra.

DUNCAN.—Nunca volverá el de Cawdor a poner en peligro la seguridad de mis estados. Manda tú poner a precio su cabeza, y saluda a Macbeth con el título que el otro tenía.

ROSS.—Cumpliré tu voluntad.

DUNCAN.—Macbeth goce desde hoy lo que Cawdor perdió.

ESCENA III

Un páramo

Tres BRUJAS, MACBETH y BANQUO. *Luego* ANGUSS y ROSS

BRUJA 1.ª—¿Qué has hecho, hermana?

BRUJA 2.ª—Matar puercos.

BRUJA 3.ª—¿Dónde has estado, hermana?

BRUJA 1.ª—La mujer del marinero tenía castañas en su falda y estaba mordiéndolas. Yo le dije: "Dame alguna." Y la asquerosa, harta de bazofia, me contestó: "Vade retro, condenada bruja." Su marido se fué a Alepo, mandando el *Tigre*. Yo, como rata sin mi cuerpo, navegaré en una tela de cedazo, donde cabe bien mi cuerpo. Así lo haré, así lo haré.

BRUJA 2.ª—Yo te ayudaré con un viento desfavorable.

BRUJA 1.ª—Gracias.

BRUJA 3.ª—Yo con otro. .

BRUJA 1.ª—De lo demás yo soy señora. ¿Qué puerta quedará segura cuando de todos los puntos de la rosa soplen los vientos? Ni una vez podrá conciliar el sueño. Su vida será la del precito, y las tormentas agitarán sin cesar su nave. ¡Ved!

BRUJA 2.ª—¿Qué es eso?

BRUJA 3.ª—El dedo de un marinero, que se ahogó al volver de su viaje.

BRUJA 1.ª—¡Tambor, tambor! Ya llega Macbeth.

LAS TRES BRUJAS.—Juntemos las manos, hagamos una rueda, como hermanas enviadas del cielo y de la tierra. Tres ruedas por ti, tres por ti, tres por mí: son nueve, cuenta justa. ¡Silencio! Ya ha llegado el término del conjuro. *(Llegan Macbeth y Banquo.)*

MACBETH.—¡Día de sangre, pero hermoso más que cuantos he visto!

BANQUO.—¿Está lejos el castillo de Fores? ¿Quiénes serán aquellas mujeres arrugadas y de tan extraño aspecto? No parecen seres humanos. ¿Sois vivientes? ¿Puedo haceros una pregunta? Debéis de entenderme, porque las tres al mismo tiempo, ponéis en los labios vuestros dedos, que semejan los de un cadáver. No me atrevo a llamaros mujeres, por las barbas.

MACBETH.—Si tenéis lengua, decidnos quiénes sois.

BRUJA 1.ª—¡Salud, Macbeth, señor de Glamis!

BRUJA 2.ª—¡Salud, Macbeth, señor de Cawdor!

BRUJA 3.ª—¡Salud, Macbeth, tú serás rey!

BANQUO.—¿De qué nace ese terror, amigo Macbeth? ¿Por qué te asustan tan gratas nuevas? Decidme: ¿sois fantasmas o seres reales? Habéis saludado a mi amigo con títulos de gloria y anuncio de grandezas futuras y pompas reales. Decidme algo a mí, si es que sabéis qué granos han de germinar o morir en la serie de los tiempos. No temo de vosotras ni odio ni favor.

BRUJAS.—¡Salud!

BRUJA 1.ª—Serás más grande que Macbeth y menos.

BRUJA 2.ª—Más feliz y menos feliz.

Bruja 3.ª—No rey, pero padre de reyes. ¡Salud, Macbeth y Banquo!

Brujas 1.ª y 2.ª—¡Salud!

Macbeth.—No os vayáis, oscuras mensajeras. Ya sé que soy señor de Glamis por muerte de Sinel; pero ¿cómo he de serlo de Cawdor, si el señor vive próspera y felizmente? Tan absurdo es llamarme señor de Cawdor como rey. ¿Quién os dió esas noticias? ¿Por qué me habéis venido a sorprender en este desierto con tales presagios?

Banquo.—Son sin duda espíritus vaporosos que engendra la tierra, como los produce también el agua. ¿Por dónde habrán desaparecido?

Macbeth.—Los cuerpos se han disulto en el aire, como se pierde en el aire la respiración. ¡Ojalá se hubieran quedado!

Banquo.—¿Será verdad lo que hemos visto? ¿O habremos probado alguna hierba de las que trastornan el juicio?

Macbeth.—Tus hijos han de ser reyes.

Banquo.—Lo serás tú mismo.

Macbeth.—¿Y también señor de Cawdor? ¿No lo dijeron así?

Banquo.—¿Quién llega? *(Entran Anguss y Ross.)*

Ross.—Macbeth, el rey ha oído tus hazañas. Incierto entre la admiración y el aplauso, no sabe cómo elogiarte por el valor con que has lidiado contra los noruegos sin percatarte tú mismo del estrago que en ellos hacías. Van llegando tan densos como el granizo los mensajeros de la victoria, y todos se hacen lenguas de tu heroísmo.

Anguss.—El rey nos envía a darte las gracias y a llevarte a su presencia.

Ross.—Él me encarga que te salude con el título de señor de Cawdor.

Banquo.—¡Conque también el diablo dice verdad!

Macbeth.—Si vive el de Cawdor, ¿por qué me atavían con ropas ajenas?

Anguss.—Vive el que llevaba ese título, pero debe perder la vida, y se ha fulminado contra él dura sentencia. No afirmo que se uniera con los noruegos contra su patria, pero está convicto y confeso de traidor.

Macbeth.—*(Aparte.)* ¡Ya soy señor de Glamis y señor de Cawdor! Falta lo demás. *(A Ross y Anguss.)* Gracias. *(A Banquo.)* ¿Crees que tus hijos serán reyes, conforme a la promesa de los que me han hecho señor de Cawdor?

Banquo.—Esa promesa quizá te haga ambicionar el solio. Pero mira que a veces el demonio nos engaña con la verdad, y nos trae la perdición envuelta en dones que parecen inocentes. Oídme dos palabras, amigos míos.

Macbeth.—¡Con dos verdades se abre la escena de este drama, que ha de terminar con una corona regia! ¿Es un bien o un mal este pensamiento? Si es un mal, ¿por qué empieza a cumplirse, y soy ya señor de Cawdor? Si es un bien, ¿por qué me aterran horribles imágenes, y palpita mi corazón de un modo inusitado? El pensamiento del homicidio, más horroroso que la realidad misma, comienza a dominarme y a oscurecer mi albedrío. Sólo tiene vida en mí lo que aún no existe.

Banquo.—¡Qué absorto y embebecido está nuestro compañero!

Macbeth.—Si los hados quieren hacerme rey, lo harán sin que yo busque la corona.

Banquo.—El nuevo honor le viene como vestido nuevo: ¡no le ajusta bien por falta de costumbre!

Macbeth.—Corra el tiempo y suceda lo que quiera.

Banquo.—A tus órdenes, generoso Macbeth.

Macbeth.—Perdón, amigos. Estaba distraído con antiguas memorias. Agradezco y recordaré siempre vuestros favores. Cabalguemos a ver al rey. *(A Banquo.)* Medita tú lo que nos ha sucedido. Luego hablaremos con toda libertad.

BANQUO.—Así lo deseo.

MACBETH.—Hasta después. Ni una palabra más. Vamos caballeros.

ESCENA IV

Habitación de palacio

DUNCAN, MALCOLM y MACBETH

DUNCAN.—¿Está ajusticiado Cawdor? ¿Han vuelto ya los que fueron a su castillo?

MALCOLM.—No han vuelto todavía, pero he hablado con uno que le vió morir, y dice que se arrepintió de sus pecados y pidió vuestro perdón. Murió como si en vida hubiese aprendido a renunciar y tener por cosa vana lo que antes juzgaba de mayor aprecio.

DUNCAN.—¿Quién adivina el alma por el semblante? ¿Quién me hubiera dicho que ese caballero no era el más fiel de todos los míos? (A Macbeth que entra.) Primo mío, ya me sentía yo pesaroso de mi ingratitud. Pero estaba tan lejos, que ni siquiera las alas del premio podían alcanzarte. Ojalá hubieras hecho menos, porque entonces serían menos inferiores a tus méritos mis galardones y mercedes. Larga deuda, que nunca podré pagar, tengo contigo.

MACBETH.—Bastante pago de mi lealtad es ella misma. Mis servicios son como hijos y criados del trono: hacen lo que deben, y nada más.

DUNCAN.—Eres planta que arraiga en mi corazón. Yo la haré crecer. ¡Ilustre Banquo! No son menores tus méritos. Así lo reconozco, y te estrecho contra mi corazón.

BANQUO.—En él germine, que para vos será la cosecha.

DUNCAN.—¡Hijos, parientes, caballeros, sabed que nombro heredero de mis estados a mi hijo Malcolm, que desde hoy se llamará príncipe de Cumberland. Pero este honor no puede venir solo, y para celebrarlo haré que caigan, como estrellas, títulos de nobleza sobre todo los que los merezcan. Ahora vamos a Inverness, que los negocios apremian.

MACBETH.—¿Cuándo descansaréis? Quiero adelantarme en el camino y alegrar los oídos de mi mujer con tan grata nueva. Permitídmelo.

DUNCAN.—¡Noble señor de Cawdor!

MACBETH.—(*Aparte.*) ¡Príncipe heredero Malcolm! Obstáculo nuevo en mi camino. He de saltar por él o rendirme. No brilléis, estrellas; no aclare vuestra luz el negro deseo que abriga mi corazón. Ojos míos, la mano hará lo que vosotros no queréis ver. Entre tanto, miradla de soslayo.

DUNCAN.—¿Verdad, Banquo, que Macbeth es un egregio vasallo? No hay para mí banquete tan grato como el oír de boca de las gentes sus alabanzas. Sigámosle, ya que quiere festejarnos. Es el mejor de mis parientes.

ESCENA V

Habitación en el castillo de Macbeth, en Inverness

Lady MACBETH, *un* CRIADO *y* MACBETH

LADY MACBETH.—(*Leyendo una carta de su marido.*) "Las brujas me salieron al encuentro en el día de la victoria. Su ciencia es superior a la de los mortales. Quise preguntarles más, pero se deshicieron en niebla. Aún no había salido yo de mi asombro, cuando llegan nuncios del rey saludándome como al señor de Glamis y de Cawdor, lo mismo que las hechiceras, pero éstas dijeron además: "Salve, Macbeth, tú serás rey." He querido, esposa amada, confiarte este secreto, para que no dejes, por ignorancia, ni un solo momento de gozar la dicha que nos está profetizada. Piénsalo bien. Adiós."

¡Ya eres señor de Glamis y de Cawdor! Lo demás se cumplirá también, pero desconfío de tu carácter criado con la leche de la clemencia. No sabes ir por atajos, sino por el camino recto. Tienes ambición de gloria, pero temes el mal. Quisiera conseguir por medios lícitos un fin justo, y coger el fruto de la traición sin ser traidor. Te espanta lo que vas a hacer; pero después de hecho, no quisieras que se deshiciese. ¡Ven pronto! Infundiré mi alma en tus oídos, y mi lengua será azote que espante y disipe las nieblas que te impiden llegar a esa corona, que el hado y el influjo de las estrellas aparejan para tus sienes.

UN CRIADO.—Esta noche llega el rey.

LADY MACBETH.—¿Estás en ti? ¿No ves que tu señor no está en el castillo ni nos ha avisado?

UN CRIADO.—También él se acerca. Un compañero mío vino casi sin aliento a traer la noticia.

LADY MACBETH.—Cuidad bien al mensajero. Es portador de grandes nuevas. (*Aparte.*) El cuervo se enronquece de tanto graznar, anunciando que el rey Duncan llega al castillo. ¡Espíritus agitadores del pensamiento, despojadme de mi sexo, haced más espesa mi sangre, henchidme de crueldad de pies a cabeza, ahogad los remordimientos, y ni la compasión ni el escrúpulo sean parte a detenerme ni a colocarse entre el propósito y el golpe! ¡Espíritus del mal, inspiradores de todo crimen, incorpóreos, invisibles, convertid en hiel la leche de mis pechos! Baja, hórrida noche: tiende tu manto, roba al infierno sus densas humaredas, para que no vea mi puñal el golpe que va a dar, ni el cielo pueda apartar el velo de la niebla, y contemplarme y decirme a voces: "Detente" (*Llega Macbeth.*) ¡Noble señor de Glamis y de Cawdor, aún más ilustre que uno y otro por la profética salutación de las hechiceras! Tu carta me ha hecho salir de lo presente, y columbrar lo futuro, y extasiarme con él.

MACBETH.—Esposa mía, esta noche llega Duncan.

LADY MACBETH.—¿Y cuándo se va?

MACBETH.—Dice que mañana.

LADY MACBETH.—¡Nunca verá el sol de mañana! En tu rostro, esposo mío, leo como en un libro abierto lo que esta noche va a pasar. Disimula prudente: oculte tu semblante lo que tu alma medita. Den tu lengua, tus manos y tus ojos la bienvenida al rey Duncan: debes esconder el áspid entre las flores. Yo me encargo de lo demás. El trono es nuestro.

MACBETH.—Ya hablaremos despacio.

LADY MACBETH.—Muéstrate alegre.

ESCENA VI

Entrada del castillo de Macbeth. Sus criados alumbran con antorchas

DUNCAN, BANQUO y lady MACBETH

DUNCAN.—¡Qué hermosamente situado está el castillo! ¡Cómo alegra los sentidos esta apacible brisa de la tarde!

BANQUO.—La golondrina, eterna huésped del· verano, moradora de las iglesias, pone en la arquitectura de sus nidos un vago recuerdo del cielo. De todo pilar, alero c ángulo suspende su prolífico lecho, y donde ellas anidan, parece que vive la alegría.

DUNCAN.—¡Ved! ¡Ya sale la noble castellana! (A Macbeth.) Muchas veces tenemos por amor lo que es verdadera desgracia. Pedid a Dios que os premie vuestro trabajo, y haga recaer en mí vuestros favores.

LADY MACBETH.—Todo nuestro obsequio es poco para

pagar tan altos beneficios y mercedes y, sobre todo, la de haber honrado con vuestra presencia esta casa. Pedimos a Dios, en agradecimiento, todo género de favores presentes y futuros para vos.

DUNCAN.—¿Dónde está Macbeth? Corrimos tras él para anticiparnos, pero la veloz carrera de su caballo y su amor, todavía más poderoso que su corcel, le dieron la ventaja, y llegó mucho antes que nosotros. Hermosa castellana, por esta noche reclamamos vuestra hospitalidad.

LADY MACBETH.—Criados vuestros somos: cuanto tenemos os pertenece.

DUNCAN.—Dadme la mano, y guiadme a donde esté mi huésped, objeto perenne de mi gracia.

ESCENA VII

Galería del castillo de Macbeth

MACBETH y *lady* MACBETH

MACBETH.—¡Si bastara hacerlo…, pronto quedaba terminado! ¡Si con dar un golpe se atajaran las consecuencias y el éxito fuera seguro…, yo me lanzaría de cabeza desde el escollo de la duda al mar de una existencia nueva! Pero ¿cómo hacer callar a la razón que incesante nos recuerda sus máximas importunas, máximas que en la infancia aprendió y que luego son tortura del maestro? La implacable justicia nos hace apurar hasta las heces la copa de nuestro propio veneno. Yo debo doble fidelidad al rey Duncan. Primero, por pariente y vasallo. Segundo, porque le doy hospitalidad en mi castillo, y estoy obligado a defenderle de extraños enemigos en vez de empuñar yo el hierro homicida. Además, es tan buen rey, tan justo y clemente, que los ángeles de su guardia irán pregonando eterna maldición contra su asesino. La compasión, niño recién nacido, querubín desnudo, irá cabalgando en las invisibles alas del viento, para anunciar el crimen a los hombres, y el llanto y agudo clamor de los pueblos sobrepujará a la voz de los roncos vendavales. La ambición me impele a escalar la cima. ¿Pero rodaré por la pendiente opuesta? *(A lady Macbeth.)* ¿Qué sucede?

LADY MACBETH.—La cena está acabada. ¿Por qué te retiraste tan pronto de la sala del banquete?

MACBETH.—¿Me has llamado?

LADY MACBETH.—¿No lo sabes?

MACBETH.—Tenemos que renunciar a ese horrible propósito. Las mercedes del rey han llovido sobre mí. Las gentes me aclaman honrado y vencedor. Hoy he visto los arreos de la gloria, y no debo mancharlos tan pronto.

LADY MACBETH.—¿Qué ha sido de la esperanza que te alentaba? ¿Por ventura ha caído en embriaguez o en sueño? ¿O está despierta, y mira con estúpidos y pasmados ojos lo que antes contemplaban con tanta arrogancia? ¿Es ése el amor que me mostrabas? ¿No quieres que tus obras igualen a sus pensamientos y deseos? ¿Pasarás por cobarde a tus propios ojos, diciendo primero: "lo haría", y luego, "me falta valor". Acuérdate de la fábula del gato.

MACBETH.—¡Calla, por el infierno! Me atrevo a hacer lo que cualquier otro hombre haría, pero esto no es humano.

LADY MACBETH.—¿Pues es alguna fiera la que te lo propuso? ¿No eras hombre, cuando te atrevías, y buscabas tiempo y lugar oportunos? ¡Y ahora que ellos mismos se te presentan, tiemblas y desfalleces! Yo he dado de mamar a mis hijos, y sé cómo se los ama; pues bien, si yo faltara a un juramento como tú has faltado, arrancaría el pecho de las encías de mi hijo cuando más risueño me mirara, y le estrellaría los sesos contra la tierra.

MACBETH.—¿Y si se frustra nuestro plan?

LADY MACBETH.—¡Imposible, si aprietas los tornillos de tu valor! Duncan viene cansado del largo viaje, y se dormirá; yo embriagaré a sus dos servidores, de modo que se anuble en ellos la memoria y se reduzca a humo el juicio. Quedarán en sueño tan profundo como si fuesen cadáveres. ¿Quién nos impide dar muerte a Duncan, y atribuir el crimen a sus embriagados compañeros?

MACBETH.—Tú no debías concebir ni dar a luz más que varones. Mancharemos de sangre a los dos guardas ebrios, y asesinaremos a Duncan con sus puñales.

LADY MACBETH.—¿Y quién nos creerá que ellos fueron los matadores, cuando oigan nuestras lamentaciones y clamoreo después de su muerte?

MACBETH.—Estoy resuelto. Todas mis facultades se concentran en este solo objeto. Oculte, con traidora máscara, nuestro semblante lo que maquina el alma.

ACTO SEGUNDO

ESCENA PRIMERA

Patio del castillo de Macbeth

BANQUO, FLEANCIO y MACBETH

BANQUO.—Hijo, ¿qué hora es?

FLEANCIO.—No he oído el reloj, pero la luna va descendiendo.

BANQUO.—Será medianoche.

FLEANCIO.—Quizá más tarde.

BANQUO.—Toma la espada. El cielo ha apagado sus candiles, sin duda por economía. Me rinde el sueño con mano de plomo, pero no quiero dormir. ¡Dios mío! Contén la ira que viene a perturbarme en medio del reposo. Dame la espada. ¿Quién es?

MACBETH.—Un amigo tuyo.

BANQUO.—¿Todavía estás en pie? El rey se ha acostado más alegre que nunca, y ponderando mucho tu hospitalidad. Manda un diamante para tu mujer, a quien llama su linda huéspeda.

MACBETH.—Por imprudencia quizá haya caído mi voluntad en faltas que, a disponer de su libre albedrío, hubiera evitado.

BANQUO.—No sé que hayas cometido ninguna falta. Ayer soñé con las brujas. Por cierto que contigo han andado verídicas.

MACBETH.—No me cuido de eso. Ya hablaremos otra vez con más espacio, si esto te complace.

BANQUO.—Cuando quieras.

MACBETH.—Si te guías por mi consejo, ganarás honra y favor.

BANQUO.—Siempre que sea sin menoscabo de la lealtad que reina en mi pecho.

MACBETH.—Vete a descansar.

BANQUO.—Gracias. *(Vase con su hijo.)*

MACBETH.—*(A su criado.)* Di a la señora que me llame cuando tenga preparada mi copa. Tú, acuéstate. ¡Me parece estar viendo el puño de una daga vuelta hacia mí! ¡Ven a mis manos, puñal que toco aunque no veo! ¿O eres acaso sueño de mi delirante fantasía? Me pareces tan real como el que en mi mano resplandece. Tú me enseñas el arma y el camino. La cuchilla y el mango respiran ya sangre. ¡Vana ilusión! Es el crimen mismo el que habla así. La naturaleza reposa en nuestro hemisferio. Negros ensueños agitan al que ciñe real corona. Las brujas en su nefando sábado festejan a la pálida Hécate, y el escuálido homicidio, temeroso de los aullidos del lobo centinela suyo, camina con silencioso pie, como iba Tarquino a la mansión de la casta Lucrecia. ¡Tierra, no sientas el ruido de mis pies, no lo adivines! ¡No pregonen sus piedras mi crimen! ¡Da tregua a los terrores de estas horas nocturnas! Pero ¿a qué detenerme en vanas palabras que hielan la acción? *(Óyese una campana.)* ¡Ha llegado la hora! ¡Duncan no oigas el tañido de esa campana, que me invita al crimen, y que te abre las puertas del cielo o del infierno!

ESCENA II

Lady MACBETH *y* MACBETH

LADY MACBETH.—La embriaguez en que han caído me da alientos. ¡Silencio! Es el chillido del buho, severo centinela de la noche. Abiertas están las puertas. La pócima que administré a los guardas los tiene entre la vida y la muerte.

MACBETH.—*(Dentro.)* ¿Quién es?

LADY MACBETH.—Temo que se despierten antes que esté consumado el crimen, y sea peor el amago que el golpe... Yo misma afilé los puñales... Si su sueño no se hubiera parecido al de mi padre, yo misma le hubiera dado muerte. Pero aquí está mi marido...

MACBETH.—Ya está cumplido. ¿Has sentido algún rumor?

LADY MACBETH.—No más que el canto del grillo y el chillido del buho. ¿Hablaste algo?

MACBETH.—¿Cuándo?

LADY MACBETH.—Ahora.

MACBETH.—¿Cuándo bajé?

LADY MACBETH.—Sí.

MACBETH.—¿Quién está en el segundo aposento?

LADY MACBETH.—Donalbain.

MACBETH.—¡Qué horror!

LADY MACBETH.—¡Qué necedad! ¿Por qué te parece horrible?

MACBETH.—El uno se sonreía en sueños; el otro se despertó y me llamó "¡Asesino!". Los miré fijo y con estupor; después rezaron y se quedaron dormidos.

LADY MACBETH.—Como una piedra.

MACBETH.—El uno dijo: "Dios nos bendiga." Y el otro: "Amen." Yo no pude repetirlo.

LADY MACBETH.—Calma ese terror.

MACBETH.—¿Por qué no pude repetir "Amen"? Yo necesitaba bendición, pero la lengua se me pegó al paladar.

LADY MACBETH.—Si das en esas cavilaciones, perderás el juicio.

MACBETH.—Creí escuchar una voz que me decía: "Macbeth, tú no puedes dormir, porque has asesinado al sueño." ¡Perder el sueño, que desteje la intrincada trama del dolor; el sueño, descanso de toda fatiga; alimento el más dulce que se sirve a la mesa de la vida!

LADY MACBETH.—¿Por qué esa agitación?

MACBETH.—Aquella voz me decía alto, muy alto: "Glamis, has matado al sueño: por eso no dormirá Cawdor, ni tampoco Macbeth."

LADY MACBETH.—¿Pero qué voz era ésa? ¡Esposo mío! No te domine así el torpe miedo, ni ofusque el brillo de tu razón. Lava en el agua la mancha de sangre de tus manos. ¿Por qué quitas de su lugar las dagas? Bien están ahí. Vete y ensucia con sangre a los centinelas.

MACBETH.—No me atrevo a contemplar lo que hice.

LADY MACBETH.—¡Cobarde! Dame esas dagas. Están como muertos. Parecen estatuas. Eres como el niño a quien asusta la figura del diablo. Yo mancharé de sangre la cara de esos guardas. (Suenan golpes.)

MACBETH.—¿Quién va? El más leve rumor me horroriza. ¿Qué manos son las que se levantan, para arrancar mis ojos de sus órbitas? No bastaría todo el océano para lavar la sangre de mis dedos. Ellos bastarían para enrojecerle y mancharle.

LADY MACBETH.—También mis manos están rojas, pero mi alma no desfallece como la tuya. Llaman a la puerta del Mediodía. Lavémonos, para evitar toda sospecha. Tu valor se ha agotado en el primer ímpetu. Oye... Siguen llamando... Ponte el traje de noche. No vean que estamos en vela. No te pierdas en vanas meditaciones.

MACBETH.—¡Oh, si la memoria y el pensamiento se extinguiesen en mí, para no recordar lo que hice! (Siguen los golpes.)

ESCENA III

El PORTERO

EL PORTERO.—¡Qué estrépito! Ni que fuera uno portero del infierno. ¿Quién será ese maldito? Algún labrador que se habrá ahorcado descontento de la mala cosecha... Y sigue alborotando... Será algún testigo falso, pronto a jurar en cualquiera de los platillos de la balanza. ¡Entra, malvado! ¡Y sigue dando! Será algún sastre inglés que ha sisado tela de unos calzones tranceses. ¡Qué frío hace aquí aunque estamos en el infierno! Ya se acabó mi papel de diablo. A otra gente más lucida pensé abrir. No os olvidéis del portero.

ESCENA IV

MACDUFF, *un* PORTERO, LENNOX *y* MACBETH

MACDUFF.—¿Cómo te levantas tan tarde? ¿Te acostaste tarde por ventura?

PORTERO.—Duró la fiesta hasta que cantó por segunda vez el gallo.

MACDUFF.—¿Se ha levantado tu señor?... Pero aquí viene. Sin duda le despertamos con los golpes.

LENNOX.—*(A Macbeth.)* ¡Buenos días!

MACBETH.—¡Felices!

MACDUFF.—¿Está despierto el rey?

MACBETH.—Todavía no.

MACDUFF.—Me dijo que le llamara a esta hora.

MACBETH.—Os quiero guiar a su habitación.

MACDUFF.—Molestia inútil, por más que os agrade.

MACBETH.—Ésta es su puerta.

MACDUFF.—Mi deber es entrar. *(Vase.)*

LENNOX.—¿Se va hoy el rey?

MACBETH.—Así lo tiene pensado.

LENNOX.—¡Mala noche! El viento ha echado abajo nuestra chimenea. Se han oído extrañas voces, gritos de agonía, cantos proféticos de muerte y destrucción. Las aves nocturnas no han cesado de graznar. Hay quien dice que la tierra misma se estremecía.

MACBETH.—Tremenda ha sido, en verdad, la noche.

Lennox.—No recuerdo otra semejante. Verdad que soy joven.

Macduff.—¡Horror! ¡Horror! ¡Horror! ¡Ni la lengua ni el corazón deben nombrarte!

Macbeth y Lennox.—¿Qué?

Macduff.—Una traición horrible. Un sacrilegio... El templo de la vida del rey ha sido profanado.

Macbeth.—¿Su vida?

Lennox.— ¿La del rey?

Macduff.—Entrad en la alcoba y lo veréis, si es que no se ciegan vuestros ojos de espanto. No puedo hablar. Vedlo vosotros mismos... ¡A las armas...! ¡Traición, malvados! ¡Donalbain, Banquo, Malcolm, alerta! ¡Lejos de vosotros ese sueño tan pesado como la muerte! Ved la muerte misma... Pronto... ¡Banquo, Malcolm! Dejad el lecho; venid, animados fantasmas, a contemplar esta escena de duelo. *(Salen Macbeth y Lennox.)*

Lady Macbeth.—¿Qué es eso? ¿Por qué despertáis con tales gritos a la gente de la casa que aún duerme?

Macduff.—En vuestros oídos, hermosa dama, no deben sonar otra vez nuestros lamentos. No es tanto horror para oídos de mujer. *(Entra Banquo.)* ¡Banquo, Banquo! ¡Nuestro rey ha sido asesinado!

Lady Macbeth.—¡Dios mío, y en mi casa!

Banquo.—Aquí y en todas sería horrible. Dime que no es verdad. Dímelo por Dios. *(Entran Macbeth y Lennox.)*

Macbeth.—¡Ojalá hubiera muerto yo pocas horas antes! Mi vida hubiera sido del todo feliz. Ya han muerto para mí la gloria y la esperanza. He agotado el vino de la existencia, y sólo me quedan las heces en el vaso.

Donalbain.—¿Qué es esto?

Macbeth.—¿Y tú me lo preguntas? Se ha secado la fuente de la vida. Tu padre ha sido muerto.

Malcolm.—¿Quién lo mató?

Lennox.—Sin duda sus guardias, porque tienen manchadas de sangre las manos y la cara, y los ensangrentados puñales junto al lecho. En sus miradas se retrataba el delirio.

MACBETH.—¡Cuánto siento que mi furor me llevara a darles intantánea muerte!

MACDUFF.—¿Por qué lo hiciste?

MACBETH.—¿Y quién se contiene en tal arrebato? ¿Cuándo se unió el furor con la prudencia, la lealtad con el sosiego? Mi amor al rey venció a mi tranquila razón. Yo veía a Duncan teñido en su propia sangre, y cerca de él a los asesinos con el color de su oficio; veía sus puñales manchados también... ¿Quién podía dudar? ¿Quién que amase al rey hubiera podido detener sus iras?

LADY MACBETH.—Llevadme lejos de aquí.

MALCOLM.—¡Y callamos! Aunque no pocos pueden achacarnos el crimen.

DONALBAIN.—Más vale callarnos y atajar nuestras lágrimas. Vamos.

MALCOLM.—Disimulemos nuestra pena.

BANQUO.—Cuidad a la señora. Después que nos vistamos, hemos de examinar más despacio este horrible suceso. En la mano de Dios están mis actos. Desde allí desafío toda sospecha traidora. Juro que soy inocente.

MACDUFF.—Y yo también.

TODOS.—Y todos.

MACBETH.—Juntémonos luego en el estrado...

TODOS.—Así lo haremos.

MALCOLM.—¿Qué haces? Nada de tratos con ellos. Al traidor le es fácil simular la pena que no siente. Iré a Inglaterra.

DONALBAIN.—Y yo a Irlanda. Separados estamos más seguros. Aquí las sonrisas son puñales, y derraman sangre los que por la sangre están unidos.

MALCOLM.—La bala de su venganza no ha estallado todavía. Nos conviene esquivarla. A caballo, y partamos sin despedirnos. Harta razón tenemos para escondernos.

ESCENA V

Exterior del castillo

Un Viejo, Ross *y* Macduff

Un viejo.—En mis setenta años he visto cosas peregrinas y horrendas, pero nunca como esta noche.

Ross.—¡Venerable anciano! ¡Con qué cólera mira el cielo la trágica escena de los hombres! Ya ha amanecido, pero todavía la noche se resiste a abandonar su dominio. Quizá se avergüenza el día, y no se atreve a derramar su pura lumbre.

Un viejo.—No es natural nada de lo que sucede. El martes un generoso halcón cayó en las garras de una lechuza.

Ross.—Los caballos de Duncan, los mejores de su casta, han quebrantado sus establos, y vueltos al primitivo estado salvaje, son terror de los palafreneros.

Un viejo.—Ellos mismos se están devorando.

Ross.—Así es. ¡Qué horror miran mis ojos!... Pero aquí se acerca el buen Macduff. ¿Cómo están las cosas, amigo?

Macduff.—Ya lo veis.

Ross.—¿Quién fué el asesino?

Macduff.—Los que mató Macbeth.

Ross.—¿Y qué interés tenían?

Macduff.—Eran pagados por los dos hijos del rey difunto.

Ross.—¡Horror contra naturaleza! La ambición se devora a sí misma. Y Macbeth sucederá en el trono.

Macduff.—Ya le han elegido rey, y va a coronarse a Esconia.

Ross.—¿Y el cuerpo del rey Duncan?

Macduff.—Lo llevan a enterrar a la montaña de San Cosme, sepulcro de sus mayores.

Ross.—¿Te vas a Esconia, primo?

Macduff.—A Faife.

Ross.—Yo, a Esconia.

Macduff.—Felicidad en todo. Adiós. Gusto más de la ropa nueva que de la antigua.

Ross.—Adiós, buen viaje.

Un viejo.—Quien saque como vosotros bien del mal, y haga amigo al enemigo, llevará la bendición de Dios.

ACTO TERCERO

ESCENA PRIMERA

Palacio de Fores

Banquo, Macbeth, *lady* Macbeth, Criado y *dos* Sicarios

Banquo.—*(Solo.)* Ya eres rey, Macbeth, y señor de Glamis y de Cawdor. Está cumplido en todas sus partes el vaticinio de las hechiceras, pero ¿quién sabe si la traición te habrá allanado el camino? Ni ha de quedar el cetro en tu linaje. Si es verdad lo que nos dijeron, reyes han de ser mis hijos. ¿Por qué los oráculos que fueron veraces contigo no han de ser también propicios a mi ambición? Pero disimulemos.

Macbeth.—Ya tenemos aquí a nuestro principal convidado.

Lady Macbeth.—Grande hubiera sido tu falta en el banquete.

Macbeth.—Te convido a un gran festín que he de dar esta noche.

Banquo.—Vuestra majestad puede mandarme, en vez de convidarme. Mi voluntad está insolublemente unida a la vuestra.

Macbeth.—¿Sales a caballo esta tarde?

Banquo.—Sí.

Macbeth.—Si no, podrías ayudarme con tu consejo en la junta de esta tarde. Mañana será. ¿Vas lejos?

Banquo.—Pasearé hasta la hora de cenar. Si mi caballo no aprieta el paso, pediré prestadas a la noche una o dos horas.

Macbeth.—No faltes.

Banquo.—No faltaré.

MACBETH.—Tengo nuevas de que mis revoltosos deudos están refugiados en Inglaterra y en Irlanda. No confiesan su parricidio, y divulgan contra mí horrendas acusaciones. Mañana hablaremos de esto, cuando nos juntemos a tratar de otros negocios. Ahora, a caballo. Hasta luego. ¿Te acompaña tu hijo?

BANQUO.—Sí, y vendrá pronto, porque ya es la hora.

MACBETH.—Dios os guíe con bien vuestros caballos y os vuelva pronto. Hasta la noche. *(Vase Banquo.)* Vosotros haced lo que queráis hasta las siete. Vuestra compañía me será más grata a la hora de cenar, si en este momento me dejáis solo. Adiós, mis caballeros. *(Vanse todos.)* *(A un criado.)* ¿Me esperan ya esos hombres?

CRIADO.—Están en la puerta de palacio.

MACBETH.—Diles que entren. *(Se va el criado.)* ¿De qué me sirve el poder sin la seguridad? Banquo es mi amenaza perpetua: su altiva condición me infunde miedo. Junta a su valor el ingenio y la prudencia. Me reconozco inferior a él como Marco Antonio a César. Él fué quien se atrevió a dirigir la palabra a las brujas cuando me aclamaron rey, y a preguntarles por su suerte futura, y ellas con fatídica voz le contestaron: "Tus hijos serán reyes." A mí me otorga una corona estéril, un cetro irrisorio, que no pasará a mis hijos, sino a los de un extraño. Yo vendré a ser el bienhechor de la familia de Banquo. Por servirla asesiné al rey Duncan, y llené de hiel el cáliz de mi vida; y vendí al diablo el tesoro de mi alma. ¡Todo para hacer reyes a los hijos de Banquo! ¡Fatal destino mío, sálvame: lidia para mí esta batalla! ¿Quién es? *(Entran los sicarios.)* *(Al criado.)* Espera a la puerta hasta que llame. *(Vase el criado.)* *(A los sicarios.)* Ya oísteis ayer lo que deseo.

SICARIO 1.º—Sí, rey.

MACBETH.—¿Habéis pensado bien lo que os dije? Él y no yo ha sido hasta ahora la causa de vuestros males. Ya os expliqué cómo se había burlado de vosotros:

quiénes le ayudaron. En suma, el más necio hubiera podido decir: "Tuvo la culpa Banquo."

SICARIO 1.º—Verdad es lo que dices.

MACBETH.—Y añado más, y vengo al objeto de este coloquio. ¿Hasta cuándo durará vuestra paciencia? ¿Manda el evangelio que recéis a Dios por ese hombre y por su linaje, cuando os está empobreciendo y esquilmando y os tiene casi a punto de muerte?

SICARIO 1.º—¡Oh rey! Somos hombres.

MACBETH.—También son perros los galgos y los mastines y los lebreles, y los de aguas y los de caza; pero se distinguen unos de otros por tener más o menos valor y fortaleza, y mejor o peor olfato. La naturaleza reparte con igualdad sus dones, y por eso las diversas castas tienen nombres distintos. Lo mismo sucede con los hombres. Si no queréis ser de los últimos y más abyectos, yo os daré un consejo que os libre para siempre de esa opresión y tiranía, y os haga acreedores a mi gratitud eterna, porque no puedo vivir en paz si él no muere.

SICARIO 1.º—Señor, yo soy un hombre de esos tan maltratados por la suerte, que me arrojaré a cualquier cosa por vengarme del mundo.

SICARIO 2.º—Tan mala ha sido mi fortuna, que para mejorarla o acabar de una vez, arriesgaré mi vida en cualquier lance.

MACBETH.—Está bien. Banquo es enemigo vuestro.

SICARIO 2.º—Verdad, señor.

MACBETH.—Y mío, a tal extremo que cada minuto de su vida es un tormento para mí. Yo podría sin cargo de conciencia deshacerme de él, pero tiene amigos que también lo son míos y no quiero perderlos. Por eso acudo a vosotros, ya que hay poderosos motivos para que el golpe sea secreto.

SICARIO 2.º—Se hará vuestra voluntad, ¡oh rey!

SICARIO 1.º—Aunque perezcamos en la demanda.

MACBETH.—Conozco vuestro denuedo. Pronto os diré

en qué sitio habéis de emboscaros, y cuándo: porque esta misma noche ha de darse el golpe. Conviene que sea lejos de palacio, para alejar de mí toda sospecha. No dejéis indicio alguno del crimen. Le acompaña su hijo Fleancio, que me estorba tanto como su padre. Por consiguiente, matadle también. Quedaos solos. Volveré luego.

Los dos sicarios.—Estamos resueltos.

Macbeth.—Volveré pronto... Entrad... ¡Oh Banquo! Esta noche o nunca subirá tu alma a los cielos.

ESCENA II

Lady Macbeth, Macbeth *y un* Criado

Lady Macbeth.—¿Está en el palacio Banquo?

Criado.—No, señora; pero esta noche vendrá.

Lady Macbeth.—Di al rey que quiero hablarle un momento.

Criado.—Así lo haré...

Lady Macbeth.—¿De qué nos sirve haber logrado nuestros deseos, si no alcanzamos placer ni reposo? Es preferible la paz de nuestras víctimas al falso goce que procede del crimen. *(Entra Macbeth.)* Esposo mío, ¿por qué te atormentan siempre tan tristes recuerdos? Olvida lo pasado.

Macbeth.—Hemos herido a la serpiente, pero no la hemos matado. Volverá a acometernos mientras estemos cerca de sus dientes. ¡Húndase la tierra, arda el universo antes que yo coma ni duerma en medio de tales espantos nocturnos! ¡Ojalá estuviera yo con mis víctimas, más bien que entregado a la tortura de mi pensamiento! Duncan no teme ya ni el hierro matador, ni el veneno, ni la discordia, ni la guerra.

Lady Macbeth.—Esposo mío, alegra ese semblante para que nuestros huéspedes no adviertan esta noche tu agitación.

MACBETH.—Así lo haré, amada mía. Fíjate en Banquo: muéstrate risueña con él, en la mirada y en las palabras. Todavía no estamos seguros: es preciso lavar nuestra honra en el río de la adulación, y convertir nuestros semblantes en hipócrita máscara.

LADY MACBETH.—¡Oh, basta, basta!

MACBETH.—Mi alma es un nido de sierpes... ¡Todavía respiran Banquo y Fleancio!

LADY MACBETH.—No son inmortales.

MACBETH.—Ésa es la esperanza que nos queda. El hierro puede alcanzarlos. Antes que el murciélago abandone su claustro; antes que se oiga en el silencio de la noche el soñoliento zumbido del escarabajo, estará terminado todo.

LADY MACBETH.—¿Qué quieres decir?

MACBETH.—Vale más que los ignores, hasta que esté cumplido y puedas regocijarte de ello. Ven, ciega noche, venda tú los ojos al clemente día. Rompa tu mano invisible y ensangrentada la atroz escritura que causa mis terrores... Va creciendo la oscuridad: retorna el cuervo a la espesura del bosque; las aves nocturnas descienden anhelosas de presa... ¡Te horrorizan mis palabras! ¿Y por qué? Sólo el crimen puede consumar lo que ha empezado el crimen. Ven conmigo.

ESCENA III

Bosque a la entrada del palacio

ASESINOS, BANQUO y *su hijo* FLEANCIO

ASESINO 1.º— ¿Quién te ha enviado?

ASESINO 3.º—Macbeth.

ASESINO 2.º—No debemos dudar de él, puesto que sabe nuestro fin y propósito.

Asesino 1.º—Ya muere el sol en Occidente, y el pasajero aguija su caballo para llegar a la posada. Ya está cerca el que esperamos.

Asesino 3.º—Suenan las herraduras de sus caballos.

Banquo.—*(Dentro.)* ¡Luz!

Asesino 2.º—¡Ahí está! Le aguardan en la llanura.

Asesino 1.º—Se llevan los caballos.

Asesino 3.º—Él, como los demás, se encamina a pie a palacio.

Banquo.—¡Luz, luz!

Asesino 3.º—¡Ahí está!

Asesino 1.º—Aguarda. *(Entran Banquo, su hijo Fleancio, un criado con antorcha.)*

Banquo.— Va a llover esta noche.

Asesino 1.º—¡Muera! *(Le hiere.)*

Banquo.—¡Traición! Huye, hijo, y si puedes, venga mi muerte. *(Cae.)*

Asesino 3.º—¿Por qué mataste la luz?

Asesino 1.º—¿No hice bien?

Asesino 3.º—Ha muerto uno solo. El hijo huye.

Asesino 2.º—Hemos perdido la mitad de la paga.

Asesino 1.º—Vamos a dar cuenta a Macbeth.

ESCENA IV

Sala de palacio. Mesa preparada para un festín

Macbeth, Los convidados, *lady* Macbeth, Asesino 1.º y Lennox

Macbeth.—Sentaos, según vuestra categoría y nobleza. Bien venidos seáis todos.

Los convidados.—Gracias.

Macbeth.—Siéntese la reina en el trono, y démosle la bienvenida.

LADY MACBETH.—Gracias. Dásela a nuestro convidados. Os saludo de todo corazón, señores.

MACBETH.—Con toda el alma te lo agradezco. *(A lady Macbeth.)* Los dos lados iguales: yo en medio. Alegraos, bridaremos juntos. *(Se prensenta el asesino 1.º)* Traes manchada la cara de sangre.

ASESINO 1.º—Sangre de Banquo.

MACBETH.—Más vale que sea la suya que la tuya. ¿Queda muerto?

ASESINO 1.º— Lo degollé, señor.

MACBETH.—¡Matador excelente te debo apellidar, y más si acabaste también con Fleancio!

ASESINO 1.º— ¡Oh rey! Huyó.

MACBETH.—¡Y siguen mis temores! Si él hubiera muerto, yo sería feliz, duro còmo el mármol y las rocas, libre como el aire. Pero ahora me veo receloso, inquieto, entre dudas y temores. Y Banquo, ¿murió de veras?

ASESINO 1.º—Cayó en una zanja profundísima, con veinte heridas en la cabeza, la menor de ellas mortal.

MACBETH.—Gracias infinitas. Muerta está la serpiente, pero ese retoño fugitivo ha de envenenarnos con el tiempo. Todavía no ha echado dientes. Vuelve mañana. Aún tenemos que hablar. *(Se va el asesino.)*

LADY MACBETH.—Esposo, anima con tu presencia y tus palabras la languidez del festín. Si no has de hacerlo, más vale comer solos. La alegría es la salsa de las cenas.

MACBETH.—¡Dulce maestra mía! La buena digestión venga hoy después del apetito, y tras ellos la salud.

LENNOX.—Tomad asiento, rey.

MACBETH.—Congregada tendríamos esta noche la flor de la monarquía si no nos faltase el ilustre Banquo. Quiero culpar su negligencia más bien que imaginar que le haya acontecido alguna desgracia. *(El espectro de Banquo ocupa el sitial de Macbeth.)*

LENNOX.—Honradnos, señor, tomando asiento.

Macbeth.—¿Dónde? No lo encuentro.

Lennox.—Aquí le tenéis, señor.

Macbeth.—¿Dónde?

Lennox.—Señor, aquí. ¿Pero que agitación es la vuestra?

Macbeth.—¿Quién de vosotros ha hecho esto?

Lennox.—¿Qué, señor?

Macbeth.—Yo no..., yo no lo hice..., no me mires agitando tu cabellera tinta en sangre.

Ross.—Levantaos: el rey está enfermo.

Lady Macbeth.—No, no continuad sentados. Son accidentes que desde joven padece mi marido. No os levantéis. Es cosa de un momento. Veréis cuál se repone en seguida. No os fijéis en él, porque se aumentará su delirio *(Aparte a Macbeth.)* ¡Y dices que eres hombre!

Macbeth.—Y hombre fuerte, pues que me atrevo a mirar de hito en hito lo que pondría espanto al mismo Satanás.

Lady Macbeth.—¡Necedad insigne! ¡Sombras que finge el miedo! Es como aquel puñal que decías que te guiaba por el aire cuando mataste al rey Duncan. ¡Consejas tolerables sólo en boca de una anciana al amor de la lumbre! ¡Vergüenza para ti! ¡Y aún sigues turbado! ¡No ves que tu asiento está vacío!

Macbeth.—¡No, no!... ¡Mira, mira!... ¿No lo ves?... ¿Qué dices ahora?... Pero ¿qué me importa lo que digas? ¿Mueves la cabeza en signo de incredulidad?... Habla, habla... Si los sepulcros nos arrojan su presa, los palacios se trocarán en festín de buitres. *(Se va la sombra.)*

Lady Macbeth.—¿Estás loco?

Macbeth.—Te juro, por mi alma, que le he visto.

Lady Macbeth.—¿Y no te avergüenzas?

Macbeth.—Siempre se ha derramado sangre. Desde que el mundo es mundo, ha habido crímenes atroces.

Pero antes el muerto, muerto se quedaba. Ahora las sombras vuelven y nos arrojan de nuestros sitiales.

LADY MACBETH.—Tus caballeros reclaman tu presencia.

MACBETH.—No me acordaba de ellos. ¡Amigos míos! ¡Nobles caballeros! No hagáis caso de mí. Si me conocierais bien, no os extrañaría este súbito incidente. ¡Salud, amigos! Brindemos a la salud de nuestro amigo Banquo, único que nos falta. ¡Ojalá llegue pronto! ¡Brindo por vosotros, y por él y por todos!

LOS CONVIDADOS. — Nosotros repetimos el brindis. *(Vuelve a aparecer la sombra.)*

MACBETH.—¡Lejos, lejos de mí!... Que la tierra te trague... Mi sangre se hiela: falta a mis huesos el tuétano... La lumbre de mis ojos se oscurece.

LADY MACBETH.—El accidente vuelve: no es grave, pero descompone la fiesta.

MACBETH.—Yo no temo nada de lo que puedan temer lo hombres. Ven a mí en forma de tigre de Hircania, de oso o de rinoceronte: no se agitarán mis nervios. O vuelve a la vida, y rétame a lid campal, hierro a hierro, y si tiemblo al ir a encontrarte, llámame hijo de mi nodriza... Pero no vengas como sombra. ¡Huye de mí, formidable espectro! *(Desaparece la sombra.)* Ya se retira, y vuelvo a ser hombre. Sentaos otra vez: os lo suplico.

LADY MACBETH.—Con ese delirio has turbado la alegría del convite.

MACBETH.—¿Y cómo no asombraros, cuando estalla esa borrascosa nube de verano? Ahora dudo de mi razón viendo que podéis contemplar tales apariciones sin que vuestro rostro palidezca.

ROSS.—¿De qué apariciones hablas?

LADY MACBETH.—¡Silencio! La contradicción le molesta. Podéis retiraros sin ceremonia. Idòs pronto.

LOS CONVIDADOS.—Buenas noches, y descanse el rey.

LADY MACBETH.—Buenas noches.

Macbeth.—¡Sangre pide! La sangre clama por sangre; ya lo dice el proverbio. Hasta los árboles hablan a la voz del agorero, o por natural virtud. Y a veces la voz de la urraca, del cuervo o del grajo ha delatado al asesino. ¿Qué hora es?

Lady Macbeth.—La noche combate con las primeras horas del día.

Macbeth.—Macduff se niega a obedecerme, y a reconocer mi autoridad.

Lady Macbeth.—¿Le has llamado?

Macbeth.—No, pero tengo noticias ciertas de él por mis numerosos espías. Mañana temprano iré a ver a las brujas. Quiero apurarlo todo y averiguar el mal, aunque sea por medios torcidos. Todo debe rendirse a mi voluntad. Estoy nadando en un mar de sangre, y tan lejos ya de la orilla, que me es indiferente bogar adelante o atrás. Es tiempo de obras y no de palabras. Descienda el pensamiento a las manos.

Lady Macbeth.—Te falta la sal de la vida, el sueño.

Macbeth.—Pues a dormir. ¡Mi terror, nacido de la falta de costumbre, me quita el sueño! ¡Soy novicio en el crimen.

ESCENA V

Un páramo. Tempestad

Hécate y Brujas

Bruja 1.ª—¡Oh Hécate, tú semblante muestra a las claras tu enojo.

Hécate.—¿Y no tengo razón, impertinentes viejas? ¿Por qué, siendo yo la fuente de vuestro poder y de todos los males humanos, habéis osado, sin pedirme consejo ni acudir a mi ciencia, tratar con Macbeth por enigmas? ¡Y todo en provecho de un ingrato, de un ambicioso, que sólo mira a su interés y no se acuerda de vosotras! Antes que el sol se ponga venid a los antros tartáreos; no dejéis de traer ninguna de vuestras redomas, encantos y conjuros. Ahora, a volar. Esta noche ha de cumplirse una evocación tremenda. De la luna pende una gota de vapor que he de coger esta misma noche antes que caiga. Yo la destilaré con mi ciencia maravillosa y evocaré genios de tal virtud que le traigan lisonjeramente engañado hasta el abismo. No temerá la muerte; confiará en su estrella, podrá más su esperanza que su buen juicio o sus temores, y ya veis que hombre excesivamente confiado está medio perdido.

(Se oye dentro una voz).—¡Venid, venid!

Hécate.—¿Oís la voz del genio? Camina en esa transparente nube.

Las Brujas.—Vámonos, que pronto volverá.

ESCENA VI

Palacio de Fores

Lennox y un Señor

Lennox.—Te asombra lo que he dicho. Pero sigue tú discurriendo. Macbeth mostró mucho sentimiento por la muerte de Duncan... ¡Es claro, como que estaba muerto! Banquo salió a pasear muy tarde y quizá le mataría su hijo, puesto que huyó en seguida. ¿Y a quién se le ocurre salir a pasear de noche...? ¿No fué cosa monstruosa el parricidio de Malcolm y Donalbain? ¡Cómo le angustió a Macbeth!... Tanto que en seguida mató a los guardias, dominados por el sueño y el vino... ¡Lealtad admirable!..., o gran prueba de talento. Hizo bien, porque, ¿quien hubiera podido oír con calma que negaban el crimen? A fe mía que si cayeran en manos de

Macbeth…, lo cual no es fácil, ni Dios permita…, los hijos de Duncan ya habían de ver lo que es matar a su padre, y lo mismo el hijo de Banquo. Pero callemos, que por hablar demasiado y por huir de la mesa del rey anda perseguido Macduff. ¿Sabes dónde está?

EL SEÑOR.—Malcolm, el heredero del trono de Duncan, usurpado por ese tirano, vive en Inglaterra al amparo del santo rey Eduardo y dando brillantes muestras de lo claro de su estirpe. Macduff ha ido a aquella corte a solicitar el auxilio del valeroso duque Suardo. Con su ayuda, y sobre todo con la del dios de los ejércitos, no volverá el puñal a turbar nuestros sueños y vivirán seguros los leales. La indignación del rey al saberlo ha sido tanta, que va a declarar la guerra.

LENNOX.—¿Y no llamó antes a Macduff?

EL SEÑOR.—Sí le llamó, pero él contestó rotundamente que no, volvió la espalda al mensajero y parecía decir entre dientes: "Muy cara os ha de costar mi respuesta."

LENNOX.—Será un aviso para que proceda con cautela y no se exponga a nuevas asechanzas. Vaya a Inglaterra un ángel con la noticia de todo lo ocurrido antes que Macduff vuelva. Caigan de nuevo las bendiciones de Dios sobre la tierra infeliz oprimida por un tirano.

EL SEÑOR.—Óigate el cielo.

ACTO CUARTO

ESCENA PRIMERA

El antro de las brujas. En medio, una caldera hirviendo. Noche de tempestad

BRUJAS, HÉCATE, MACBETH, *varias* SOMBRAS y LENNOX

BRUJA 1.ª—Tres veces ha maullado el gato.

BRUJA 2.ª—Tres veces se ha lamentado el erizo.

BRUJA 3.ª—La arpía ha dado la señal de comenzar el encanto.

BRUJA 1.ª—Demos vueltas alrededor de la caldera y echemos en ella las hediondas entrañas del sapo que dormía en las frías piedras y que por espacio de un mes ha estado destilando su veneno.

TODAS LAS BRUJAS.—Aumente el trabajo, crezca la labor, hierva la caldera.

BRUJA 3.ª—Lancemos en ella la piel de la víbora, la lana del murciélago amigo de las tinieblas, la lengua del perro, el dardo del escorpión, ojos de lagarto, músculos de rana, alas de lechuza... Hierva todo esto, obedeciendo al infernal conjuro.

BRUJAS.—Aumente el trabajo, crezca la labor, hierva la caldera.

BRUJA 3.ª—Entren en ella colmillos de loco, escamas de serpiente, la abrasada garganta del tiburón, el brazo de un sacrílego judío, la nariz de un turco, los labios de un tártaro, el hígado de un macho cabrío, la raíz de la cicuta, las hojas del abeto iluminadas por el tibio resplandor de la luna, el dedo de un niño arrojado por su infanticida madre al pozo... Unamos a todo esto las entrañas de un tigre salvaje.

67

Todas las brujas.—Aumente el trabajo, crezca la labor, hierva la caldera.

Bruja 2.ª—Para aumentar la fuerza del hechizo, humedecedlo todo con sangre de mono.

Hécate.—Alabanza merece vuestro trabajo; y yo lo remuneraré. Danzad en torno de la caldera para que quede consumado el encanto.

Bruja 2.ª—Ya me pican los dedos: indicio de que el traidor Macbeth se aproxima. Abríos ante él, puertas.

Macbeth.—Misteriosas y astutas hechiceras, ¿en qué os ocupáis?

Las brujas.—En un maravilloso conjuro.

Macbeth.—En nombre de vuestra ciencia os conjuro. Aunque la tempestad se desate contra los templos y rompa el mar sus barreras para inundar la tierra, y el huracán arranque de cuajo las espigas y derribe alcázares y torres; aunque el mundo todo perezca y se confunda, responded a mis interrogaciones.

Bruja 1.ª—Habla.

Bruja 2.ª—Pregúntanos.

Bruja 3.ª—A todo te responderemos.

Bruja 1.ª—¿Quieres que hablemos nosotras o que contesten los genios, señores nuestros?

Macbeth.—Invocad a los genios para que yo los vea.

Bruja 1.ª—Verted la sangre del cerdo, avivad la llama con grasa resudada del patíbulo.

Las brujas.—Acudid a mi voz, genios buenos y malos Haced ostentación de vuestro arte. *(En medio de la tempestad, aparece una sombra armada con casco.)*

Macbeth.—Respóndeme, misterioso genio.

Bruja 1.ª—Él adivinará tu pensamiento. Óyele y no le hables.

La sombra.—Recela tú de Macduff, recela de Macduff. Adiós... Dejadme.

Macbeth.—No sé quién eres, pero seguiré tu conse-

jo, porque has sabido herir la cuerda de mi temor. Oye
otra pregunta.

BRUJA 1.ª—No te responderá, pero ahora viene otra
sombra. *(Aparece la sombra de un niño cubierto de sangre.)*

LA SOMBRA.—Macbeth, Macbeth, Macbeth.

MACBETH.— Aplico tres oídos para escucharte.

LA SOMBRA.—Si eres cruel, implacable y sin entrañas,
ninguno de los humanos podrá vencerte.

MACBETH.—Entonces, ¿por qué he de temer a Macduff?... Puede vivir seguro... Pero no..., es más seguro que perezca para tener esta nueva prenda contra el
hado... No le dejaré vivir; desmentiré así a los espectros
que finge el miedo y me dormiré al arrullo de los truenos. *(La sombra de un niño, con corona y una rama
de árbol en la mano.)* ¿Quién es ese niño que se ciñe
altanero la corona real?

BRUJAS.—Óyele en silencio.

LA SOMBRA.—Se fuerte como un león, no desmaye un
punto tu audacia, no cedas ante los enemigos. Serás invencible hasta que venga contra ti la selva de Birnam y
cubra sus ramas a Dunsinania.

MACBETH.—¡Eso es imposible! ¿Quién puede mover
de su lugar los árboles y ponerlos en camino? Favorables son los presagios. ¡Sedición, no alces la cabeza hasta
que la selva de Birnam se mueva! Ya estoy libre de todo
peligro que no sea el de pagar en su día la deuda que
todos tenemos con la muerte. Pero decidme, si es que
vuestro saber penetra tanto: ¿reinarán los hijos de Banquo?

LAS BRUJAS.—Nunca podrás averiguarlo.

MACBETH.—Decídmelo. Os conjuro de nuevo y os mal-
deciré si no me lo reveláis. Pero ¿por qué cae en tierra la caldera?... ¿Qué ruido siento?

LAS BRUJAS.—Mira. ¡Sombras, pasad rápidas, atormen-
tando su corazón y sus oídos! *(Pasan ocho reyes, el úl-*

timo de ellos con un espejo en la mano. Después la sombra de Banquo.)

MACBETH.—¡Cómo te asemejas a Banquo!... Apártate de mí... Tu corona quema mis ojos... Y todos pasáis coronados... ¿Por qué tal espectáculo, malditas viejas?... También el tercero... Y el cuarto... ¡Saltad de vuestras órbitas, ojos míos!... ¿Cuándo, cuándo dejaréis de pasar?... Aún viene otro..., el séptimo... ¿Por qué no me vuelvo ciego?... Y luego el octavo... Y trae un espejo en que me muestra otros tantos reyes y algunos con doble corona y triple cetro... Espantosa visión... Ahora lo entiendo todo... Banquo, pálido por la reciente herida, me dice sonriéndose que son de su raza esos monarcas... Decidme, ¿es verdad lo que miro?

LAS BRUJAS.—Verdad es, pero ¿a qué tu espanto?... Venid, alegraos, ya se pierde en los aires el canto del conjuro; gozad en misteriosa danza, hagamos al rey el debido homenaje. *(Danzan y desaparecen.)*

MACBETH.—¿Por dónde han huído?... ¡Maldita sea la hora presente!

LENNOX.—¿Qué hay?

MACBETH.—¿No has visto a las brujas?

LENNOX.—No.

MACBETH.—¡Maldito sea el aire que las lleva! ¡Maldito quien de ellas se fía! Siento ruido de caballos; ¿quiénes son?

LENNOX.—Mensajeros que traen la noticia de que Macduff huye a Inglaterra.

MACBETH.—¿A Inglaterra?

LENNOX.—Así dicen.

MACBETH.—El tiempo se me adelanta. La ejecución debe seguir al propósito, el acto al pensamiento. Necesito entrar en Faife y degollar a Macduff, a su mujer y a sus hijos y a toda su parentela... Y hacerlo pronto, no sea que el propósito se frustre y quede en vana amenaza. Basta de agüeros y sombras.

ESCENA II

Castillo de Macduff

Lady Macduff, Ross, *el hijo de* Macduff, *un* Mensajero *y* Asesinos

Lady Macduff.—¿Por qué esa inesperada fuga?

Ross.—Tranquilízate, señora.

Lady Macduff.—¡Qué locura hizo! El miedo nos hace traidores.

Ross.—¿Quién sabe si fué miedo o prudencia?

Lady Macduff.—¿Prudencia dejar su mujer, sus hijos y su hacienda expuestos a la venganza de un tirano?... No creo en su cariño... El ave más pequeña y débil de todas resiste a la lechuza cuando se trata de defender su prole... En Macduff ha habido temor sobrado y ningún amor. Su fuga es cobardía y locura.

Ross.—Tranquilízate, prima mía. Tu marido es bueno y prudente y sabe bien lo que hace. Pero vivimos en tan malos tiempos que a veces somos traidores hasta sin saberlo y tememos y recelamos sin causa, como quien cruza un mar incierto y proceloso. Adiós. Volveré pronto. Quizá se remedie todo y luzca de nuevo el sol de la esperanza. Adiós, hermosa prima. Dios te bendiga.

Lady Macduff.—Mi hijo está huérfano aunque tiene padre.

Ross.—No puedo detenerme más. Sería en daño vuestro y mío.

Lady Macduff.—*(A su hijo.)* Y ahora que estás sin padre, ¿cómo vivirás, hijo mío?

Hijo.—Madre mía, como los pájaros del cielo.

Lady Macduff.—¿Con insectos y moscas?

Hijo.—Con lo que encuentre, como hacen ellos.

Lady Macduff.—¡Infeliz! ¿Y no temerás redes, liga ni cazadores?

Hijo.—¿Y por qué he de temerlos, madre? Nadie caza a los pájaros pequeños. Y además mi padre no ha muerto.

Lady Macduff.—¿Qué harías por tener padre?

Hijo.—¿Y tú por tener marido?

Lady Macduff.—Compraría veinte en cualquiera parte.

Hijo.—Para venderlos después.

Lady Macduff.—Muy agudo eres para tus años.

Hijo.—Dices que mi padre fué traidor.

Lady Macduff.—Sí.

Hijo.—¿Y qué es ser traidor?

Lady Macduff.—Faltar a la palabra y al juramento.

Hijo.—¿Eso se llama traición?

Lady Macduff.—Y quien la comete merece ser ahorcado.

Hijo.—¿Todo el que la comete?

Lady Macduff.—Todos.

Hijo.—¿Y quién los ha de ahorcar?

Lady Macduff.—La gente honrada.

Hijo.—Entonces bien necios son los traidores, porque, siendo tantos, parece que habían de ser ellos los que ahorcasen a la gente de bien.

Lady Macduff.—¿Qué harías por tener padre?

Hijo.—Si hubiera muerto de veras, tú estarías llorando, y si no lloraras, era indicio claro de que pronto tendría yo otro padre.

Lady Macduff.—Gracioso estás, pobre hijo mío.

Un mensajero.—Dios te bendiga y salve, hermosa castellana. No te conozco, pero el honor me obliga a avisarte que se acerca a ti un inminente peligro. Sigue mi consejo. Huye en seguida con tus hijos. Quizá te parezca rudo mi aviso, pero sería cruel dejarte en las garras de los asesinos. Adiós. No puedo detenerme.

Lady Macduff.—¿Y adónde voy? ¿Qué pecado he cometido? Estoy en un mundo donde a veces se tiene por locura hacer el bien y se tributan elogios a la maldad.

¿De qué me sirve la pueril excusa de no haber hecho mal a nadie?... Pero ¿qué horribles semblantes son los que miro?...

ASESINOS.—¿Dónde está tu marido?

LADY MACDUFF.—No en parte tan infame donde tus ojos puedan verle.

ASESINO 1.º—(*Al niño.*) Eres un traidor.

HIJO.—Mentira, vil sicario.

ASESINO.—Muere, pollo en cascarón. (*Le hiere.*)

HIJO.—Me ha matado. Huye, madre, sálvate.

ESCENA III

Palacio real de Inglaterra

MALCOLM, MACDUFF, *un* DOCTOR *y* ROSS

MALCOLM.—Busquemos sitio apartado donde poder llorar.

MACDUFF.—Eso no: empuñemos el hierro de la venganza en defensa de la patria oprimida. Cada día suben al cielo nuevos clamores de viudas y huérfanos, acompañando el duelo universal de Escocia.

MALCOLM.—Mucho lo lamento, pero no creo más que lo que sé. Remediaré lo que pueda y cuando pueda. Tendrás razón en todo lo que dices. Pero acuérdate que ese tirano, cuyo nombre mancha la lengua al pronunciarlo, parecía bueno, y tú mismo lo tuviste por tal. Y además a vosotros no os ha hecho mal ninguno. ¿Si querréis engañarme, sacrificándome como un cordero en las aras de ese ídolo?

MACDUFF.—Nunca he sido traidor.

MALCOLM.—Pero lo fué Macbeth... Perdóname..., no me atrevo a adivinar lo que eres. Mira si resplandecen y son puros los ángeles, y sin embargo, el más luciente

73

de ellos cayó. Muchas veces el crimen toma la máscara de la virtud.

MACDUFF.—¡Perdí toda esperanza!

MALCOLM.—Siempre me quedan mis dudas. ¿Por qué has dejado abandonados a tu mujer y a tus hijos, a cuanto quieres en el mundo? Perdóname. Quizá te ofendan mis recelos. Puede ser también que tengas razón. Pero yo con esos recelos me defiendo.

MACDUFF.—¡Llora sin tregua, pobre Escocia! Horrible tiranía pesa sobre ti: los buenos se callan y nadie se atreve a resistirla. Has de sufrir en calma tus males, ya que tu rey vacila y tiembla. Señor, me juzgas mal. No sería yo traidor ni aun a precio de toda la riqueza que ese malvado señorea ni por todas las riquezas del Oriente.

MALCOLM.—No he querido ofenderte, ni desconfío de ti en absoluto. Sé que nuestra pobre Escocia suda llanto y sangre, oprimida por ese bárbaro. Sé que cada día aumentan y se enconan sus heridas. Creo también que a mi voz muchos brazos se levantarían. Ahora mismo Inglaterra me ofrece miles de combatientes. Pero cuando llegase yo a pisotear la cabeza del tirano o a llevarla en mi lanza no sería más feliz la patria bajo el reinado del sucesor de Macbeth, antes crecerían sus infortunios.

MACDUFF.—¿De qué sucesor hablas?

MALCOLM.—De mí mismo. Llevo de tal manera en mí las semillas de todos los vicios, que cuando fructifiquen, parecerán blancas como la nieve las ensangrentadas sombras de las víctimas de Macbeth y quizá bendigan su memoria los súbditos al comtemplar mi horrenda vida.

MACDUFF.—¡Pero si en los infiernos mismos no hay un ser más perverso que Macbeth!

MALCOLM.—Te concedo de buen grado que es cruel, lascivo, hipócrita, avaro iracundo y que se juntan en él todas las maldades del mundo. Pero también es atroz mi lujuria: no bastarían a saciarla todas vuestras hijas y esposas: no habría dique que pudiera oponerse a mi deseo... No, no; prefiero que reine Macbeth.

MACDUFF.—Terrible enemigo del cuerpo es la incontinencia, y de ella han sida víctimas muchos reyes, y por ella han sido asolados florecientes imperios. Pero no temáis, señor. El campo del placer es espacioso. No faltan bellezas frágiles, y aunque tu voracidad sea como la del buitre, has de acabar por cansarte de tantas como acudirán, ufanas de su pomposa deshonra.

MALCOLM.—Además ruge en mi pecho condición tan indomable que, si fuera rey, no tendría yo reparo en matar a un noble por despojarle de sus heredades y castillos, o condenarle por falsas acusaciones, aunque él fuera espejo de lealtad, para enriquecerme con sus despojos.

MACDUFF.—La lujuria es viento de estío, pero la codicia echa raíces mucho más profundas en el alma. Ella ha sido la espada matadora de muchos reyes nuestros. Pero no importa. Los tesoros de Escocia han de colmar tu deseo. Si no tienes otros vicios que ésos, aún son tolerables.

MALCOLM.—Es que no tengo ninguna cualidad buena. No conozco, ni aun de lejos, la justicia, la templanza, la serenidad, la constancia, la clemencia, el valor, la firmeza en los propósitos, la generosidad. No hay vicio alguno de que yo carezca. Si yo llegara a reinar, echaría al infierno la miel de la concordia, y asolaría y confundiría el orbe entero.

MACDUFF.—¡Ay, desdichada Escocia!

MALCOLM.—Así soy. Di si me crees digno de reinar.

MACDUFF.—No, ni tampoco de vivir sobre la tierra. ¡Pobre patria mía, vil despojo de un tirano que mancha en sangre el cetro que usurpó! ¿Cómo restaurar tu antigua gloria, si el vástago de tus reyes está maldiciendo de sí mismo y de todo su linaje? Tu padre, señor, era un santo; tu madre vivía muerta para el mundo y pasaba de hinojos y en oración el día. Adiós, señor. Los vicios de que me habláis me arrojan de Escocia. Muerta está mi última esperanza.

MALCOLM.—No, muerta, no. Esa noble indignación que muestras es un grito de tu alma generosa, y viene a disipar todos mis temores. Veo claras tu lealtad y tu inocencia. Macbeth ha querido más de una vez engañarme con artificios parecidos, y por eso me guardo de la nimia credulidad. ¡Sea Dios juez entre nosotros! Me pongo en tus manos: me arrepiento de haber sospechado de ti, bien contra mi natural instinto, y de haberme calumniado atribuyéndome los vicios que aborrezco más. Soy continente. Nunca he faltado a mi palabra. No he codiciado lo ajeno ni aun lo propio. No haría una traición al mismo Lucifer y amo la verdad tanto como la vida. Hoy es la primera vez que he faltado a ella, y eso en contra mía. Tal como soy verdaderamente me ofrezco a ti y a nuestra Escocia oprimida... Cuando tú has llegado, el viejo Suardo preparaba una expedición de diez mil guerreros. Todos iremos juntos. ¡Dios nos proteja, pues tan santa y justa es nuestra causa! Di, ¿por qué callas?

MACDUFF.—¿Y quién no queda absorto al ver unidos tan faustos y tan infelices sucesos? *(Entra un médico.)*

MALCOLM.—Ya hablaremos. *(Al doctor.)* ¿Viene el rey?

DOCTOR.—Ya le espera un tropel de enfermos que aguarda de sus manos la salud. Él los cura con el tacto de sus benditas manos.

MALCOLM.—Gracias, doctor.

MACDUFF.—¿Y de qué enfermedad cura el rey?

MALCOLM.—De las escrófulas. Es un milagro patente. Desde que estoy en Inglaterra lo he visto muchas veces. No se sabe como logra tal favor del cielo, pero a los enfermos más desesperados, llenos de úlceras y llagas, los cura con sólo colgarles medallas del cuerpo y pronunciar alguna devota oración. Dicen que esta sobrenatural virtud pasa de unos a otros reyes de Inglaterra. Tiene, además, el don de la profecía, y otras mil bendiciones celestes, prueba no dudosa de su santidad.

MACDUFF.—¿Quién viene?

MALCOLM.—De mi tierra es, pero no le conozco. *(Entra Ross.)*

MACDUFF.—Con bien vengas, ilustre pariente mío.

MALCOLM.—Te recuerdo. ¡Oh Dios mío, haz que no volvamos a mirarnos como extraños!

ROSS.—Dios te oiga, señor.

MACDUFF.—¿Sigue en el mismo estado nuestra patria?

ROSS.—¡Oh desdichada Escocia! Ya no es nuestra madre, sino nuestro sepulcro. Sólo quien no tenga uso de razón puede sonreír allí. No se oyen más que suspiros y lamentos. El dolor se convierte en locura. Banquo ha muerto, sin que nadie pregunte por qué. Las almas puras se marchitan como las flores.

MACDUFF.—Esa narración quizá tenga más de poética que de verdadera.

MACDUFF.—¿Y cuáles son los crímenes más recientes?

ROSS.—Uno nuevo a cada hora.

MACDUFF.—¿Qué es de mi mujer?

ROSS.—¿Tu mujer?... Está bien.

MACDUFF.—¿Y mis hijos?

ROSS.—Bien.

MACDUFF.—¿El tirano ha intentado algo contra ellos?

ROSS.—En paz los dejé cuando salí de Escocia.

MACDUFF.—No seas avaro de palabras. Dime la verdad.

ROSS.—Cuando vine a traeros estas noticias, decíase que se habían levantado numerosas huestes contra el tirano, y que éste se aprestaba a combatirlas. La ocasión se presenta favorable. Si acudes pronto, hasta las mujeres se alzarán para romper sus cadenas.

MALCOLM.—Pronto iremos a salvaros. Inglaterra nos ayuda con diez mil hombres, mandados por el valiente Suardo, el mejor caudillo de la cristiandad.

ROSS.—¡Ojalá yo pudiera consolarme como tú, pero

mis desdichas son de tal naturaleza que debo confiarlas a los vientos, y no donde las oiga nadie.

Macduff.—¿Es desdicha pública o privada?

Ross.—Todo hombre de bien debe lamentarse de ellas, pero a ti te toca la mayor parte.

Macduff.—Entonces no tardes en decírmela.

Ross.—No se enojen tus oídos contra mi lengua, aunque se vea forzada a pronunciar las más horrendas palabras que nunca oíste.

Macduff.—¡Dios mío! Casi lo adivino.

Ross.—Tu castillo fué saqueado: muertos tu esposa y tus hijos. No me atrevo a referirte cómo, para no añadir una más a las víctimas.

Malcolm.—¡Dios todopoderoso! Habla. No ocultes tu rostro. Es más tremendo el dolor que no se expresa con palabras.

Macduff.—¿Y mis hijos también?

Ross.—Perecieron tu esposa y tus hijos y tus criados, y cuantos estaban allí.

Macduff.—¿Por qué no estaba yo? ¿Y también mi mujer?...

Ross.—También.

Malcolm.—¡Serenidad! La venganza, única medicina de nuestros males, ha de ser tremenda.

Macduff.—¡Pero Macbeth no tiene hijos!... Hijos míos... ¿Todos perecieron?... ¿Todos?... ¿Y su madre también?... ¿Y de un solo golpe?

Malcolm.—Véngate como un hombre.

Macduff.—Sí que me vengaré, pero soy hombre, y siento y me atormenta la memoria de lo que más quise en el mundo. ¡Y lo vió el cielo y no se apiadó de ellos! ¡Ah, pecador Macduff, tú tienes la culpa de todo! Por ti han perecido aquellos inocentes. ¡Dios les dé la gloria eterna!

Malcolm.—Tu dolor afile tu espada e inflame tu brío. Sírvate de aguijón y no de freno.

Macduff.—Aunque lloraran mis ojos como los de una mujer, mi lengua hablaría con la audacia de un varón. ¡Dios mío, ponme enfrente de ese demonio, y si se libra de mi espada consentiré hasta que el cielo le perdone!

Malcolm.—Ésas ya son palabras dignas de ti. Vamos a despedirnos del rey de Inglaterra. Sólo nos falta su permiso. Macbeth está a la orilla del precipicio. El cielo se declara en favor nuestro. Tregua a vuestro dolor. No hay noche sin aurora.

ACTO QUINTO

ESCENA PRIMERA

Castillo de Dunsinania

Un MÉDICO, *una* DAMA *y lady* MACBETH

EL MÉDICO.—Aunque hemos permanecido dos noches en vela, nada he visto que confirme vuestros temores. ¿Cuándo la visteis levantarse por última vez?

LA DAMA.—Después que el rey se fué a la guerra, la he visto muchas veces levantarse, vestirse, sentarse a su mesa, tomar papel, escribir una carta, cerrarla, sellarla, y luego volver a acostarse: todo ello dormida.

EL MÉDICO.—Grave trastorno de su razón arguye el ejecutar en sueños los actos de la vida. ¿Y recuerdas que haya dicho alguna palabra?

LA DAMA.—Sí, pero nunca las repetiré.

EL MÉDICO.—A mí puedes decírmelas.

LA DAMA.—Ni a ti, ni a nadie, porque no podría yo presentar testigos en apoyo de mi relato. *(Entra lady Macbeth, somnámbula, y con una luz en la mano.)* Aquí está, como suele, y dormida del todo. Acércate y repara.

EL MÉDICO.—¿Dónde tomó esa luz?

LA DAMA.—La tiene siempre junto a su lecho. Así lo ha mandado.

EL MÉDICO.—Tiene los ojos abiertos.

LA DAMA.—Pero no ve.

EL MÉDICO.—Mira cómo se retuerce las manos.

LA DAMA.—Es su ademán más frecuente. Hace como quien se las lava.

LADY MACBETH.—Todavía están manchadas.

EL MÉDICO.—Oiré cuanto hable, y no lo borraré de la memoria.

LADY MACBETH.—¡Lejos de mí esta horrible mancha!... Ya es la una... Las dos... Ya es hora... Qué triste está el infierno... ¡Vergüenza para ti, marido mío!... ¡Guerrero y cobarde!... ¿Y qué importa que se sepa, si nadie puede juzgarnos?... Pero ¿cómo tenía aquel viejo tanta sangre?

EL MÉDICO.—¿Oyes?

LADY MACBETH.—¿Dónde está la mujer del señor Faife?... Pero ¿por qué no quedan limpias nunca mis manos?... Calma, señor, calma... ¡Qué dañosos son esos arrebatos!

EL MÉDICO.—Oye, oye: ya sabemos lo que no debíamos saber.

LA DAMA.—No tiene conciencia de lo que dice. La verdad sólo Dios la sabe.

LADY MACBETH.—Todavía siento el olor de la sangre. Todos los aromas de Oriente no bastarían a quitar de esta pequeña mano mía el olor de la sangre.

EL MÉDICO.—¡Qué oprimido está ese corazón!

LA DAMA.—No le llevaría yo en el pecho, por toda la dignidad que ella pueda tener.

EL MÉDICO.—No sé curar tales enfermedades, pero he visto somnámbulos que han muerto como unos santos.

LADY MACBETH.—Lávate las manos. Vístete. Vuelva el color a tu semblante. Macbeth está bien muerto, y no ha de volver de su sepulcro... A la cama, a la cama... Llaman a la puerta... Ven, dame la mano... ¿Quién deshace lo hecho?... A la cama.

EL MÉDICO.—¿Se acuesta ahora?

LA DAMA.—En seguida.

EL MÉDICO.—Ya la murmuración pregona su crimen. La maldad suele trastornar el entendimiento, y el ánimo pecador divulga en sueños su secreto. Necesita confesor y no médico. Dios la perdone y perdone a todos. No te alejes de su lado: aparta de ella cuanto pueda molestarla. Buenas noches. ¡Qué luz inesperada ha herido mis ojos! Pero más vale callar.

LA DAMA.—Buenas noches, doctor.

ESCENA II

Campamento

MENTEITH, ANGUSS, CAITHNESS y LENNOX

MENTEITH.—Los ingleses, mandados por Malcolm, Suardo y Macduff, se adelantan a rápidas jornadas. El genio de la venganza los impele, y su belicoso ardor debe animar al más tibio.

ANGUSS.—Los encontraremos en el bosque de Birnam: ésa es la dirección que traen.

CAITHNESS.—¿Donalbain está con sus hermanos?

ANGUSS.—No, porque yo tengo la lista de todos los que vienen con Suardo, entre ellos su propio hijo y otros jóvenes que quieren hacer hoy sus primeros alardes varoniles.

MENTEITH.—¿Y qué hace Macbeth?

CAITHNESS.—Fortificar a Dunsinania. Dicen algunos que está loco, pero los que le quieren mejor afirman que está cegado por el furor de la pelea. No puede ya estrechar con el cinturón de su imperio el cuerpo de su desesperada causa.

ANGUSS.—Ni borrar de sus manos las huellas de sangre de su oculto crimen. Cada día le abandonan sus parciales, y si alguno le obedece no es por cariño. Todo el mundo conoce que la púrpura real de su grandeza oculta un cuerpo raquítico y miserable.

MENTEITH.—¿Y cómo no ha de temblar, si en el fondo de su alma se siente ya condenado?

CAITHNESS.—Vamos a prestar homenaje al legítimo monarca, y a ofrecer nuestra sangre para que sirva de medicina a la patria oprimida.

LENNOX.—Ofrezcámosla toda, o la que baste a regar el tronco y las ramas. Vamos al bosque de Birnam.

ESCENA III

Castillo de Dunsinania

MACBETH, *un* CRIADO, SETON *y un* MÉDICO

MACBETH.—¡No quiero saber más nuevas! Nada he de temer hasta que el bosque de Birnam se mueva contra Dunsinania. ¿Por ventura ese niño Malcolm no ha nacido de mujer? A mí me dijeron los genios que conocen lo porvenir: "Macbeth, no temas a ningún hombre nacido de mujer." Huyan en buena hora mis traidores caballeros: júntense con los epicúreos de Inglaterra. Mi alma es de tal temple que no vacilará ni aun en lo más deshecho de la tormenta. *(Llega un criado.)* ¡El diablo te ennegrezca a fuerza de maldiciones esa cara blanca! ¿Quién te dió esa mirada de liebre?

CRIADO.—Vienen diez mil.

MACBETH.—¿Liebres?

CRIADO.—No, soldados.

MACBETH.—Aráñate la cara con las manos, para que el rubor oculte tu miedo. ¡Rayos y centellas! ¿Por qué palideces, cara de leche? ¿Qué guerreros son ésos?

CRIADO.—Ingleses.

MACBETH.—¿Por qué no ocultas tu rostro antes de pronunciar tales palabras?... ¡Seton, Seton! Este día ha de ser el último de mi poder, o el primero de mi grandeza. Demasiado tiempo he vivido. Mi edad se marchita y amarillea como las hojas de otoño. Ya no puedo confiar en amigos, ni vivir de esperanzas. Sólo me resta oír enconadas maldiciones, o el vano susurro de la lisonja. ¿Seton?

SETON.—Rey, tus órdenes aguardo.

MACBETH.—¿Cuáles son las últimas noticias?

SETON.—Exactas parecen ser las que este mensajero ha traído.

MACBETH.—Lidiaré, hasta que me arranquen la piel de los huesos. ¡Pronto, mis armas!

SETON.—No es necesario aún, señor.

MACBETH.—Quiero armarme y correr la tierra con mis jinetes. ¡Mis armas! Doctor *(Al médico.)*, ¿cómo está mi mujer?

MÉDICO.—No es grave su dolencia, pero mil extrañas visiones le quitan el sueño.

MACBETH.—Cuídala bien. ¿No sabes curar su alma, borrar de su memoria el dolor y de su cerebro las tenaces ideas que le agobian? ¿No tienes algún antídoto contra el veneno que hierve en su corazón?

MÉDICO.—Estos males sólo puede curarlos el mismo enfermo.

MACBETH.—¡Echa a los perros tus medicinas! ¡Pronto, mis armas, mi cetro de mando! ¡Seton, convoca a tus guerreros! Los nobles me abandonan. Si tú, doctor, lograras volver a su antiguo lecho las aguas del río, descubrir el verdadero mal de mi mujer y devolverle la salud, no tendrían tasa mis aplausos y mercedes. Cúrala, por Dios. ¿Qué jarabes, qué drogas, qué ruibarbo conoces que nos libre de los ingleses?... Iré a su encuentro, sin temer la muerte, mientras no se mueve contra nosotros el bosque de Birnam.

MÉDICO.—Si yo pudiera huir de Dunsinania, no volvería aunque me ofreciesen un tesoro.

ESCENA IV

Campamento a la vista de un bosque

MALCOLM, CAITHNESS, *un* SOLDADO, SUARDO *y* MACDUFF

MALCOLM.—Amigos, ha llegado la hora de volver a tomar posesión de nuestras casas. ¿Qué selva es ésta?

CAITHNESS.—La de Birnam.

MALCOLM.—Corte cada soldado una rama, y delante cúbrase con ella, para que nuestro número parezca mayor y podamos engañar a los espías.

SOLDADO.—Así lo haremos.

SUARDO.—Dicen que el tirano está muy esperanzado y nos aguarda en Dunsinania.

MALCOLM.—Hace bien en encerrarse, porque sus mismos parciales le abandonan, y los pocos que le ayudan no lo hacen por cariño.

MACDUFF.—Dejemos tales observaciones para cuando esté acabada nuestra empresa. Ahora conviene pensar sólo en el combate.

SUARDO.—Pronto hemos de ver el resultado y no por vanas conjeturas.

ESCENA V

Alcázar de Dunsinania

MACBETH, SETON *y un* ESPÍA

MACBETH.—Tremolad mi enseña en los muros. Ya suenan cerca sus clamores. El castillo es inexpugnable. Pelearán en nuestra ayuda el hambre y la fiebre. Si no nos abandonan los traidores, saldremos al encuentro del enemigo y le derrotaremos frente a frente. Pero ¿qué ruido siento?

SETON.—Son voces de mujeres.

Macbeth.—Yo soy inaccesible al miedo. Tengo estragado el paladar del alma. Hubo tiempo en que me aterraba cualquier rumor nocturno, y se erizaban mis cabellos cuando oía referir alguna espantosa tragedia, pero después llegué a saciarme de horrores: la imagen de la desolación se hizo familiar en mi espíritu y ya no me conmueve nada. Pero ¿qué gritos son ésos?

Seton.—La reina ha muerto.

Macbeth.—¡Ojalá hubiera sido más tarde! No es oportuna la ocasión para tales nuevas. Esa engañosa palabra *mañana, mañana, mañana,* nos va llevando por días al sepulcro, y la falaz lumbre del ayer ilumina al necio hasta que cae en la fosa. ¡Apágate ya, luz de mi vida! ¿Qué es la vida sino una sombra, un histrión que pasa por el teatro y a quien se olvida después, o la vana y ruidosa fábula de un necio? *(Llega un espía.)* Habla, que ése es tu oficio.

Espía.—Señor, te diré lo que he visto, pero apenas me atrevo.

Macbeth.—Di sin temor.

Espía.—Señor, juraría que el bosque de Birnam se mueve hacia nosotros. Lo he visto desde lo alto del collado.

Macbeth.—¡Mentira vil!

Espía.—Mátame si no es cierto. El bosque viene andando, y está a tres millas de aquí.

Macbeth.—Si mientes te colgaré del primer árbol que veamos, y allí morirás de hambre. Si dices verdad, ahórcame tú a mí. Ya desfallece mi temeraria confianza. Ya empiezo a dudar de esos genios que mezclan mentiras con verdades. Ellos me dijeron: "Cuando la selva de Birnam venga a Dunsinania"; y la selva viene marchando. ¡A la batalla, a la batalla! Si es verdad lo que dices, inútil es quedarse. Ya me ahoga la vida, me hastía la luz solar. Anhelo que el orbe se confunda. Rujan los vientos desatados. ¡Sonad las trompetas!

ESCENA VI

Explanada delante del castillo de Dunsinania

Malcolm, Suardo y Macduff

Malcolm.—Hemos llegado. Dejad el verde escudo de esas ramas y apercibíos al combate. Amado pariente mío, Suardo, tú dirigirás el combate con tu noble hijo y mi primo. El valiente Macduff y yo cuidaremos de lo restante.

Suardo.—Está bien, señor. Sea vencido quien no lidie esta noche bizarramente contra las huestes del tirano.

Macduff.—Hienda el clarín los aires en aullido de muerte y de venganza.

ESCENA VII

Otra parte del campo

Macbeth, *el joven* Suardo, Macduff, Malcolm, Suardo, Ross y Caballeros

Macbeth.—Estoy amarrado a mi corcel. No puedo huir. Me defenderé como un oso. ¿Quién puede vencerme, como no sea el que no haya nacido de madre?

El joven Suardo.—¿Quién eres?

Macbeth.—Temblarás de oír mi nombre.

El joven Suardo.—No, aunque sea el más horrible de los que suenan en el infierno.

Macbeth.—Soy Macbeth.

El joven Suardo.—Ni el mismo Satanás puede proferir nombre más aborrecible.

Macbeth.—Ni que infunda más espanto.

El joven Suardo.—Mientes, y te lo probaré con mi hierro. *(Combaten, y Suardo cae herido por Macbeth.)*

Macbeth.—Tú naciste de madre, y ninguno de los nacidos de mujer puede conmigo.

Macduff.—Por aquí se oye ruido. ¡Ven, tirano! Si mueres al filo de otra espada que la mía no me darán tregua ni reposo las sombras de mi mujer y de mis hijos. Yo no peleo contra viles mercenarios, que alquilan su brazo al mejor postor. O mataré a Macbeth o no teñirá la sangre el filo de mi espada. Por allí debe estar. Aquellos clamores indican su presencia. ¡Fortuna, déjame encontrarle!

Suardo.—(A Malcolm.) El castillo se ha rendido, señor. Las gentes del tirano se dispersan. Vuestros caballeros lidian como leones. La victoria es nuestra. Se declaran en nuestro favor hasta los mismos enemigos. Subamos a la fortaleza.

Macbeth.—¿Por qué he de morir neciamente como el romano, arrojándome sobre mi espada? Mientras me quede un soplo de vida, no dejaré de amontonar cadáveres.

Macduff.—Te respondo con la espada. No hay palabras bastantes para maldecirte.

Macbeth.—¡Tiempo perdido! Más fácil te será cortar el aire con la espada que herirme a mí. Mi vida está hechizada; no puede matarme quien haya nacido de mujer.

Macduff.—¿De qué te sirven tus hechizos? ¿No te dijo el genio a quien has vendido tu alma que Macduff fué arrancado, antes de tiempo, de las entrañas de su madre muerta?

Macbeth.—¡Maldita sea tu lengua que así me arrebata mi sobrenatural poder! ¡Qué necio es quien se fía en la promesa de los demonios que nos engañan con equívocas y falaces palabras! ¡No puedo pelear contigo!

Macduff.—Pues ríndete, cobarde, y serás el escarnio de las gentes, y te ataremos vivo a la picota, con un rótulo que diga: "Éste es el tirano."

MACBETH.—Nunca me rendiré. No quiero besar la tierra que huelle Malcolm, ni sufrir las maldiciones de la plebe. Moriré batallando, aunque la selva de Birnam se haya movido contra Dunsinania, y aunque tú no seas nacido de mujer. Mira. Cubro mi pecho con el escudo. Hiéreme sin piedad, Macduff. ¡Maldición sobre quien diga "basta"! *(Combaten.)*

MALCOLM.—¡Quiera Dios que vuelvan los amigos que nos faltan!

SUARDO.—Algunos habrán perecido, que no puede menos de pagarse cara la gloria de tal día.

MALCOLM.—Faltan Macduff y tu hijo.

ROSS.—Tu hijo murió como soldado. Vivió hasta ser hombre, y con su heroica muerte probó que era digno de serlo.

SUARDO.—¿Dices que ha muerto?

ROSS.—Cayó entre los primeros. No iguales tu dolor al heroísmo que él mostró, porque entonces no tendrán fin tus querellas.

SUARDO.—¿Y fué herido de frente?

ROSS.—De frente.

SUARDO.—Dios le habrá recibido entre sus guerreros. ¡Ojalá que tuviera yo tantos hijos como cabellos, y que todos murieran así! Llegó su hora.

MALCOLM.—Honroso duelo merece, y yo me encargo de tributárselo.

SUARDO.—Saldó como honrado sus cuentas con la muerte. ¡Dios le haya recibido en su seno!

MACDUFF.—*(Que se presenta con la cabeza de Macbeth.)* Ya eres rey. Mira la cabeza del tirano. Libres somos. La flor de tu reino te rodea, y yo, en nombre de todos, seguro de que sus voces responderán a las mías, te aclamo rey de Escocia.

TODOS.—¡Salud al rey de Escocia!

MALCOLM.—No pasará mucho tiempo sin que yo pague a todos lo que al afecto de todos debo. Nobles caballeros parientes míos, desde hoy seréis condes, los primeros que en Escocia ha habido. Luego haré que vuelvan a sus casas los que huyeron del hierro de los asesinos y de la tiranía de Macbeth y de su diábolica mujer que, según dicen, se ha suicidado. Estas cosas y cuantas sean justas haré con la ayuda de Dios. Os invito a asistir a mi coronación en Escocia.

Fin de
"Macbeth"

OTELO

OTELO

PERSONAJES

DUX DE VENECIA.
BRABANCIO, senador.
GRACIANO, su hermano.
LUIS, su pariente.
Varios senadores.
OTELO, moro al servicio de la república.
CASIO, teniente suyo.
YAGO, su alférez.
RODRIGO, caballero veneciano.
MONTANO, gobernador de Chipre antes que Otelo.
Un criado de Otelo.
DESDÉMONA, hija de Brabancio y mujer de Otelo.
EMILIA, mujer de Yago.
BLANCA, querida de Casio.

Un marinero, un nuncio, un pregonero, alguaciles, músicos, criados, etcétera.

ACTO PRIMERO

ESCENA PRIMERA

Una calle en Venecia

RODRIGO y YAGO

RODRIGO.—No vuelvas a tocar esa cuestión, Yago; mucho me pesa de que estés enterado de eso tú, a quien confié mi bolsa como si fuera tuya.

YAGO.—¿Por qué no me oís? Si alguna vez me ha pasado tal pensamiento por la cabeza, castigadme como os plazca.

RODRIGO.—¿No me dijiste que le aborrecías?

YAGO.—Y podéis creerlo. Más de tres personajes de esta ciudad le pidieron con la gorra en la mano que me hiciese teniente suyo. Yo sé si valgo y si sabría cumplir con mi obligación. Pero él, orgulloso y testarudo, se envuelve en mil retóricas hinchadas y bélicas metáforas y acaba por decirles que no, fundado en que ya tiene su hombre. ¿Y quién es él? Un tal Miguel Casio, florentino, gran matemático, lindo y condenado como una mujer hermosa. Nunca ha visto un campo de batalla, y entiende tanto de guerra como una vieja. No sabe más que la teoría, lo mismo que cualquier togado. Habilidad y práctica, ninguna. A ése ha preferido, y yo, que delante de Otelo derramé tantas veces mi sangre, en Chipre, en Rodas y en otras mil tierras de cristianos y de gentiles, le he parecido inferior a ese necio sacacuentas. Él será el teniente del moro, y yo su alférez.

RODRIGO.—¡Ira de Dios! Yo mejor sería su verdugo.

YAGO.—Cosa inevitable. En la milicia se asciende por

favor y no por antigüedad. Decidme ahora si hago bien o mal en aborrecer al moro.

Rodrigo.—Pues entonces, ¿por qué no dejas su servicio?

Yago.—Sosiégate: le sigo por mi interés. No todos podemos mandar, ni se encuentran siempre fieles criados. A muchos verás satisfechos con su condición servil, bestias de carga de sus amos, a quien agradecen la pitanza aunque en su vejez les arrojen a la calle. ¡Qué lástima de palos! Otros hay que con máscara de sumisión y obediencia atienden sólo a su utilidad, y viven y engordan a costa de sus amos y llegan a ser personas de cuenta. Éstos aciertan, y de éstos soy yo. Porque habéis de saber, Rodrigo, que si yo fuera el moro, no sería Yago; pero siéndolo, tengo que servirle, para mejor servicio mío. Bien lo sabe Dios: si le sirvo no es por agradecimiento, ni por cariño ni obligación, sino por ir derecho a mi propósito. Si alguna vez mis acciones dieran indicio de los cultos pensamientos de mi alma, colgaría de la manga mi corazón para pasto de grajos. No soy lo que parezco.

Rodrigo.—¡Qué fortuna tendría el de los labios gruesos si consiguiera lo que desea!

Yago.—Vete detrás del padre; cuenta el caso por las plazas; amotina a todos los parientes, y aunque habite en delicioso clima, hiere tú sin cesar sus oídos con moscas que le puncen y atormenten, de tal modo que su misma felicidad llegue a él tan mezclada con el dolor que pierda mucho de su eficacia.

Rodrigo.—Hemos llegado a su casa. Le llamaré.

Yago.—Llámale a gritos y con expresiones de angustia y furor, como si de noche hubiese comenzado a arder la ciudad.

Rodrigo.—¡Levantaos, señor Brabancio!

Yago.—¡Levantaos, Brabancio! ¡Que los ladrones se

llevan vuestras riquezas y vuestra hija! ¡Al ladrón!, ¡al ladrón! *(Aparece Brabancio en la ventana.)*

BRABANCIO.—¿Qué ruido es ése? ¿Qué pasa?

RODRIGO.—¿Teníais en casa toda la familia?

YAGO.—¿Estaban cerradas todas las puertas?

BRABANCIO.—¿Por qué esas preguntas?

YAGO.—Porque os han robado. Vestíos presto, por Dios vivo. Ahora mismo está solazándose con vuestra blanca cordera un macho negro y feo. Pedid ayuda a los ciudadanos o, si no, os vais a encontrar con nietos por arte del diablo. Salid.

BRABANCIO.—¿Te has vuelto loco?

RODRIGO.—¿No me conocéis, señor?

BRABANCIO.—No te conozco. ¿Quién sois?

RODRIGO.—Soy Rodrigo, señor.

BRABANCIO.—Pues lo siento mucho. Ya te he dicho que no pasees la calle a mi hija, porque no ha de ser esposa tuya, y ahora sales de la taberna medio borracho, a interrumpir mi sueño con gritos de impertinencias.

RODRIGO.—¡Señor, señor!

BRABANCIO.—Pero has de saber que mi condición y mi nobleza me dan fáciles medios de vengarme de ti.

RODRIGO.—Calma, señor.

BRABANCIO.—¿Qué decías de robos? ¿Estamos en despoblado o en Venecia?

RODRIGO.—Respetable señor Brabancio, la intención que a vos me trae es buena y loable.

YAGO.—Vos, señor Brabancio, sois de aquellos que no obedecerían al diablo aunque él les mandase amar a Dios. ¿Así nos agradecéis el favor que os hacemos? ¿O será mejor que del cruce de vuestra hija con ese berberisco salgan potros que os arrullen con sus relinchos?

BRABANCIO.—¿Quién eres tú que tales insolencias ensartas? Eres un truhán.

YAGO.—Y vos... un consejero.

BRABANCIO.—Caro te ha de costar, Rodrigo.

Rodrigo.—Como queráis. Sólo es preguntaré si consentiréis que vuestra hija, a hora desusada de la noche y sin más compañía que la de un miserable gondolero, fuera a entregarse a ese moro soez. Si fué con noticia y consentimiento vuestro, confieso que os hemos ofendido; pero si fué sin saberlo vos, ahora nos reñís injustamente. ¿Cómo había de faltaros al respeto yo, que al fin soy noble y caballero? Insisto en que vuestra hija os ha hecho muy torpe engaño, a no ser que le hayáis dado licencia para juntar su hermosura, su linaje y sus tesoros con los de ese infame aventurero, cuyo origen se ignora. Vedlo; averiguadlo, y si por casualidad la encontráis en su cuarto o en otra parte de la casa, podéis castigarme como calumniador, conforme lo mandan las leyes.

Brabancio.—¡Dadme una luz! Despierten mis criados. Sueño parece lo que me pasa. El recelo basta para matarme. ¡Luz, luz! *(Brabancio se quita de la ventana.)*

Yago.—Me voy. No me conviene ser testigo contra el moro. A pesar de este escándalo, no puede la república destituirle sin grave peligro de que la isla de Chipre se pierda. Nadie más que él puede salvarla, ni a peso de oro se encontraría otro hombre igual. Por eso, aunque le odio más que al mismo Lucifer, debo fingirme sumiso y cariñoso con el y aparentar lo que no siento. Los que vayan en persecución suya, le alcanzarán de seguro en el *Sagitario*. Yo estaré con él. Adiós. *(Se va. Salen Brabancio y sus criados con antorchas.)*

Brabancio.—Cierta es mi desgracia. Ha huído mi hija. Lo que me resta de vida será una cadena de desdichas. Respóndeme, Rodrigo. ¿Dónde viste a mi niña? ¿La viste con el moro? Respóndeme. ¡Ay de mí! ¿La conociste bien? ¿Quién es el burlador? ¿Te habló algo? ¡Luces, luces! ¡Levántense todos mis parientes y familiares! ¿Estarán ya casados? ¿Qué piensas tú?

Rodrigo.—Creo que lo estarán.

Brabancio.—¿Y cómo habrá podido escaparse? ¡Qué traición más negra! ¿Qué padre podrá, desde hoy en adelante, tener confianza en sus hijas, aunque parezcan honestas? Sóbranle al demonio encantos y brujerías con que triunfar de su recato. Rodrigo, ¿no has visto en libros algo de esto?

Rodrigo.—Algo he leído.

Brabancio.—Despertad a mi hermano. ¡Ojalá la hubiera yo casado con vos! Corred en persecución suya, unos por un lado, otros por otro. ¿Dónde podríamos encontrarla a ella y al moro?

Rodrigo.—Yo los encontraré fácilmente si me dais gente de bríos que me acompañe.

Brabancio.—Id delante. Llamaremos a todas las puertas, y si alguien se resiste, autoridad tengo para hacer abrir. Armas, y llamad a la ronda. Sígueme, Rodrigo; yo premiaré tu buen celo. (Se van.)

ESCENA II

Otra calle

Otelo, Yago y Criados *con teas encendidas*

Yago.—En la guerra he matado sin escrúpulo a muchos, pero tengo por pecado grave el matar a nadie de caso pensado. Soy demasiado bueno, más de lo que convendría a mis intereses. Ocho o diez veces anduve a punto de traspasarle de una estocada.

Otelo.—Prefiero que no lo hayas hecho.

Yago.—Pues yo lo siento, porque anduvo tan provocativo y tales insolencias dijo contra ti que yo, que soy tan poco sufrido, apenas pude irme a la mano. Pero dime, ¿os habéis casado ya? El senador Brabancio es hombre de mucha autoridad y tiene más partido que el mismo dux. Pedirá el divorcio, invocará las leyes, y si no consigue su propósito os inquietará de mil modos.

OTELO.—Por mucho que él imagine, más han de poder los servicios que tengo hechos al senado. Todavía no he dicho a nadie, pero lo diré ahora, que la alabanza puede honrarme, que desciendo de reyes y que merezco la dicha que he alcanzado. A fe mía, Yago, que si no fuera por mi amor a Desdémona no me hubiera yo sometido, siendo de tan soberbia condición, al servicio de la república, aunque me dieran todo el oro de la otra parte de los mares. Pero ¿qué antorchas veo allí?

YAGO.—Son el padre y los parientes de Desdémona que viene furiosos contra ti. Retírate.

OTELO.—No; aquí me encontrarán, para que mi valor, mi nobleza y mi alma den testimonio de quién soy. ¿Llegan?

YAGO.—Me parece que no, por vida mía. (*Salen Casio y soldados con antorchas.*)

OTELO.—Es mi teniente con algunos criados del dux. Buenas noches, amigos míos. ¿Qué novedades traéis?

CASIO.—General, el dux me envía a que os salude, y desea veros en seguida.

OTELO.—Pues ¿qué sucede?

CASIO.—Deben de ser noticias de Chipre. Es urgente el peligro. Esta noche han llegado, uno tras otro, doce mensajeros de las galeras, y el dux y muchos consejeros están secretamente reunidos, a pesar de ser tan avanzada la hora. Os llaman con mucha prisa: no os han encontrado en vuestra posada, y a mí me han enviado más de una vez en busca vuestra.

OTELO.—Y gracias a Dios que me encontrasteis. Voy a dar un recado a mi casa y vuelvo inmediatamente. (*Se va.*)

CASIO.—¿Cómo aquí, alférez Yago?

YAGO.—Calculo que esta noche he alcanzado buena presa.

Casio.—No lo entiendo.

Yago.—El moro se ha casado.

Casio.—¿Y con quién? *(Sale Otelo.)*

Yago.—Con... ¿En marcha, capitán?

Otelo.—Andando.

Casio.—Mucha gente viene buscándoos.

Yago.—Son los de Brabancio. Cuidado, general, que no traen buenas intenciones. *(Salen Brabancio, Rodrigo y alguaciles, con armas y teas encendidas.)*

Otelo.—Deteneos.

Rodrigo.—Aquí está Otelo, señor.

Brabancio.—¡Ladrón de mi honra!, ¡matadle! *(Trábase la pelea.)*

Yago.—Ea, caballero Rodrigo, aquí, a pie firme, os espero.

Otelo.—Envainad esos aceros vírgenes, porque el rocío de la noche podría violarlos. Venerable anciano, vuestros años me vencen más que vuestra espada.

Brabancio.—¡Infame ladrón! ¿Dónde tienes a mi hija? ¿Con qué hechizos le has perturbado el juicio? Porque si no la hubieras hechizado con artes diabólicas, ¿cómo sería posible que una niña tan hermosa y tan querida y tan sosegada, que ha despreciado los más ventajosos casamientos de la ciudad, hubiera abandonado la casa de su padre, atropellando mis canas y su honra y siendo ludibrio universal, para ir a entregarse a un asqueroso monstruo como tú, afrenta del linaje humano, y cuya vista no produce deleite sino horror? ¡Que digan cuantos tengan recto juicio si aquí no han intervenido las malas artes y engaño del demonio, por virtud de brebajes y de drogas que trastornan el seso y encadenan el libre albedrío! Yo he de ponerlo todo en claro. Y entre tanto aquí te prendo y te acuso criminalmente como embaidor y hechicero, que profesa ciencias malas y reprobadas. Prendedle, y si se resiste, matadle.

Otelo.—Deteneos, amigos y adversarios. Yo sé cuál es

mi obligación cuando se trata de pelear. Ahora debo responder en juicio. Dime en dónde.

BRABANCIO.—Por de pronto irás a un calabozo, hasta que la ley te llame a comparecer ante el tribunal.

OTELO.—¿Y crees que el dux te lo agradecerá? Mira: todos estos han venido de su parte, llamándome a comparecer ante él para un gran negocio de estado.

BRABANCIO.—¿Llamarte el dux a consejo? ¿Y a medianoche? ¿Para qué? Prendedle, que el dux y el consejo han de sentir esta afrenta mía como propia suya. Porque si tales crímenes hubieran de quedar impunes, valdría más que rigieran la república viles siervos o paganos.

ESCENA III

Sala del consejo

El DUX *y los* SENADORES, *sentados a una mesa*

DUX.—Estas noticias entre sí no tienen relación.

SENADOR 1.º—En verdad que no concuerdan; según las cartas que yo recibí, las galeras son ciento siete.

DUX.—Pues aquí dice ciento treinta y siete.

SENADOR 2.º—Y esta que yo tengo asegura que llegan a doscientas. Y aunque en el número no convengan, y en tales ocasiones bien fácil es equivocarse, lo cierto y averiguado es que una armada turca navega hacia Chipre.

DUX.—Esto es lo principal y lo indudable, y ésta es bastante causa para nuestros temores.

UN MARINERO.—*(Dentro.)* ¡Ah del senado!

OFICIAL 1.º—Trae noticias de la armada. *(Sale el rinero.)*

DUX.—¿Qué sucede?

MARINERO.—El capitán me envía a deciros que los turcos navegan hacia Rodas.

DUX.—¿Qué pensáis de esta novedad?

SENADOR 1.º—No la creo: es algún ardid para engañarnos. No sólo Chipre es para el turco conquista más importante que la de Rodas, sino más fácil, por estar enteramente desguarnecida y ser menos fuerte por naturaleza. Y no hemos de creer tan necio al turco, que deje lo cierto por lo dudoso, empeñándose en una empresa estéril y de dudoso resultado.

DUX.—Para mí es seguro que no piensa en atacar a Rodas.

OFICIAL.—Ahora llegan otras noticias. *(Entra el marinero 2.º)*

MARINERO.—Ilustrísimo senado, el turco se ha reforzado en Rodas con buen número de naves.

SENADOR 1.º—Lo sospeché. ¿Sabes cuántas?

MARINERO.—Treinta. Y ahora navega de retorno hacia Chipre, con propósito manifiesto de atacarla. Esto me manda a deciros con todo respeto vuestro fiel servidor Montano.

DUX.—No hay duda que atacarán a Chipre. ¿Está allí Marcos Luchesi?

SENADOR 1.º—Está en Florencia.

DUX.—Escribidle de mi parte que vuelva en seguida.

SENADOR 1.º—Aquí llegan Brabancio y el moro. *(Salen Brabancio, Otelo, Yago, Rodrigo, alguaciles, etc.)*

DUX.—Esforzado Otelo, necesario es que sin dilación salgáis a combatir al turco. *(A Brabancio.)* Señor, bien venido seáis; no os vi al entrar. ¡Lástima que esta noche nos hayan faltado vuestra ayuda y consejo!

BRABANCIO.—Más me ha faltado a mí el vuestro. Perdón, señor. No me he levantado tan a deshora por tener yo noticia de este peligro, ni ahora me conmueven las calamidades públicas, porque mi dolor particular, como despeñado torrente, lleva delante de sí y devora cuantos pesares se le atraviesan en el camino.

DUX.—¿Qué ha acontecido?

BRABANCIO.—¡Ay, hija mía, desdichada hija mía!

DUX y SENADORES.—¿Ha muerto?

BRABANCIO.—Peor aún. Para mí como si hubiese muerto. La han sacado de mi casa, le han trastornado el seso con bebedizos de charlatanes, porque, sin arte diabólica, ¿cómo ella, que no está loca ni ciega, había de caer en tal desvarío?

DUX.—Sea quien fuere el autor de vuestra afrenta, al que ha privado de la razón a vuestra hija y la ha arrancado de vuestra casa, vos mismo aplicaréis con inflexible rigor la sangrienta ley, aunque recaiga en mi propio hijo.

BRABANCIO.—Gracias, señor. Qien la robó es el moro.

DUX y SENADORES.—¡Lástima grande!

DUX.—¿Qué contestáis, Otelo? ¿Qué podéis decir en propia defensa?

BRABANCIO.—¿Qué ha de decir, sino confesar la verdad?

OTELO.—Generoso e ilustre senado, dueños y señores míos, confieso que he robado a la hija de este anciano, y que me he casado con ella, pero ése es todo mi delito. Mi lenguaje es tosco: la vida del campo no me ha dejado aprender palabras suaves, porque desde que apenas contaba yo seis años y mis brazos iban cobrando vigor los he empleado en las lides, y por eso sé menos del mundo que de las armas. Mala será, pues, mi defensa, y poco ha de aprovecharme; con todo eso, si me otorgáis venia, os contaré breve y sencillamente cómo llegué al término de mi amor, y con qué filtros y hechicerías logré vencer a la hija de Brabancio.

BRABANCIO.—Una niña tan tierna e inocente que de todo se ruborizaba, ¿cómo había de enamorarse de un monstruo feísimo como tú, que ni eres de su edad, ni de su índole ni de su tierra? Es aberración contra naturaleza suponer tal desvarío en una niña que es la misma perfección. No: sólo con ayuda de Satanás puedes haber triunfado. Pos eso vuelvo a sostener que has alterado su sangre con hierbas o con veneno.

Dux.—No basta que lo creáis ni que lo sospechéis. Es necesario probarlo, y las conjeturas no son pruebas.

Senador 1.º—Dime, Otelo, ¿es cierto que la has seducido con algún engaño o es que mutuamente os amabais?

Otelo.—Mandad a buscar a mi esposa, que está a bordo del *Sagitario*. Ella sabrá defenderse y contestarle a su padre. Y si después de oírla me condenáis, no sólo despojadme del mando que me habéis confiado, sino condenadme a dura muerte.

Dux.—Que venga Desdémona.

Otelo.—Acompáñalos, alférez mío. *(A Yago.)* Tú sabes dónde está. Y, mientras llega, yo, tan sinceramente como a Dios me confieso, os referiré de qué manera fué creciendo el amor de esa dama y el mío.

Dux.—Hablad, Otelo.

Otelo.—Era su padre muy amigo mío, y con frecuencia me convidaba, gustando de oírme contar mi vida año por año: mis viajes, desastres, peleas y aventuras. Todo se lo referí, cuanto me había sucedido desde mis primeros años: naufragios y asaltos de mar y tierra, en que a duras penas salvé la vida; cómo fuí vendido por esclavo; cómo me rescaté y cómo peregriné por desiertos, cavernas, precipicios y rocas que parecen levantarse a las nubes; le hablé de los antropófagos caribes que se devoran los unos a los otros, y de aquellos pueblos que tienen la cabeza bajo los hombros. Desdémona escuchaba con avidez mi relación, levantándose a veces cuando la llamaban las faenas de la casa, pero volviendo a sentarse en cuanto volvía, y devorando con los oídos mis palabras. Yo lo advertí, y aprovechando una ocasión favorable hice que un día, estando a solas, me pidiese la entera relación de mi vida. La hice llorar, contándole las desgracias de mis primeros años, y con lágrimas y sollozos premió mi narración, que llamaba lastimosa y peregrina. Me dió mil gracias y acabó diciéndome que si algún día era yo amigo de algún amante suyo, le enseñase a contar aquella historia, porque era el modo más seguro de vencerla. Esto me dijo. Ella me amó por mis trabajos, victorias y desdichas. Yo la amé por su compasión, y no hubo más sortilegios. Aquí llega Desdémona, que puede dar testimonio de ello. *(Salen Desdémona y Yago.)*

DUX.—Y pienso que aun mi hija se hubiera movido a compasión con tal historia. Respetable Brabancio, consolaos y echadlo todo a buena parte. Más vale en la lid espada vieja que mano desarmada.

BRABANCIO.—Oigámosla, señor, y si ella me confiesa que le tuvo algún cariño, ¡caiga sobre mí la maldición del cielo si vuelvo a quejarme de ellos! Ven acá, niña: entre todos los que están aquí congregados, ¿a quién debes obedecer más?

DESDÉMONA.—Padre mío, dos obligaciones contrarias tengo: vos me habéis dado el ser y la crianza, y en agradecimiento a uno y otra debo respetaros y obedeceros como hija. Pero aquí veo a mi esposo, y creo que debo preferirle, como mi madre os prefirió a su padre, y os obedeció más que a él. El moro es mi esposo y mi señor.

BRABANCIO.—¡Dios sea en tu ayuda! Nada más puedo decir, señor; si queréis, trataremos ahora de los negocios de la república. ¡Cuánto más vale adoptar a un hijo extraño que tenerlos propios! Óyeme, Otelo: de buena voluntad te doy lo que te negaría si ya no lo tuvieras. Desdémona, ¡cuánto me alegro de no tener más hijos! Porque después de tu fuga yo los hubiera encarcelado y tratado como tirano.

DUX.—Poco voy a decir, y quiero que mis palabras sirvan como escalera que hagan entrar en vuestra gracia a esos enamorados. ¿De qué sirven el llanto y las quejas cuando no hay esperanza? Sólo de acrecentar el dolor. Pero el alma que se resigna a la serena firmeza burla los embates de la suerte. Quien se ría del ladrón podrá robarle, y al contrario, el que llora es ladrón de sí mismo.

BRABANCIO.—No estemos ociosos mientras que el turco nos arrebata a Chipre. No estemos sosegados y con la risa en los labios. Poco le importa la condenación ajena al que sale libre del tribunal; pero no así al mísero reo que sólo tiene el recurso de conformarse con la sentencia y el dolor. Siempre son oportunas vuestras sentencias, pero de sentencias no pasan, por más que digan que las dulces palabras curan el ánimo. Hablemos ya de los asuntos de la república.

DUX.—Poderosa escuadra otomana va a atacar a Chipre. Vos, Otelo, conocéis bien aquella isla, y aunque tenéis un teniente de toda vuestra confianza, la opinión, dueña del éxito, os cree más idóneo que él. No os pese de interrumpir vuestra dicha de hoy con esta nueva y peligrosa expedición.

OTELO.—Generoso senado, la costumbre ha trocado para mí en lecho de muelle pluma el silíceo y férreo tálamo de la guerra. Mi corazón está dispuesto siempre al peligro. Ya ardo en deseos de encontrarme con el turco. Humildemente os pido que prestéis a mi esposa, durante mi ausencia, el acatamiento que a su rango se debe, con casa y criados dignos de ella.

DUX.—Que viva en casa de su padre.

BRABANCIO.—De ninguna suerte.

OTELO.—No, en modo alguno.

DESDÉMONA.—Ni yo tampoco quiero turbar la tranquilidad de mi padre, estando siempre delante de sus ojos. Oíd propicio, señor, lo que quiero deciros, y concededme una sencilla petición.

DUX.—¿Cuál, Desdémona?

DESDÉMONA.—Que no quiero separarme del moro ni un punto solo; para eso me rendí a él como vasallo al monarca; no me enamoré de su rostro, sino de su valor

107

y de sus hazañas; por eso le rendí mi alma y mi vida. Si él va ahora a la guerra, y yo como polilla me quedo en la paz, ¿de qué me ha servido este enlace? ¿Qué fruto cogeré de él sino llorar en triste soledad su ausencia? Quiero acompañarle.

OTELO.—Concédaselo el ilustre senado, y a fe mía que no lo deseo por carnal apetito y brutal ardor, que ya se va apagando el de mi sangre africana, sino por corresponder a su generoso amor. Y no temáis que por ella olvide el alto empeño que me fiáis. No, ¡vive Dios! Y si alguna vez la torpe lujuria amortigua o entorpece mis sentidos, o roba vigor a mi brazo, consentiré que las viejas truequen mi yelmo en olla o marmita, y que caiga sobre mi nombre la niebla de la oscuridad.

DUX.—Conviene que resolváis pronto si ella le ha de acompañar o no.

SENADOR 1.º—Debéis salir esta misma noche.

OTELO.—Iré gustoso.

DUX.—Nos reuniremos a las nueve. Un oficial que para esto dejéis os enviará los despachos y las insignias de vuestra dignidad, Otelo.

OTELO.—Si queréis puede quedarse mi alférez, cuya probidad tengo experimentada. Él podrá acompañar a mi mujer, si consentís en ello.

DUX.—Así será. Buenas noches. Oídme una palabra, Brabancio: si la virtud es el mejor adorno, no hay duda que vuestro yerno es hermoso.

SENADOR 1.º—Moro, amad mucho a Desdémona.

BRABANCIO.—Moro, guárdala bien, porque engañó a su padre y puede engañarte a ti. *(Vanse todos menos Otelo, Yago y Desdémona.)*

OTELO.—¡Con mi vida respondo de su fidelidad! Yago, te confío a Desdémona: tu mujer puede acompañarla. Llévala pronto a Chipre. Ven, hermosa mía; sólo una hora nos queda para coloquios de amor. El tiempo urge y es preciso conformarse al tiempo. (*Vanse Desdémona y Otelo.*)

RODRIGO.—Yago.

YAGO.—¿Qué dices, noble caballero?

RODRIGO.—¿Y qué dices tú que haré?

YAGO.—Acostarte y reposar.

RODRIGO.—Voy a echarme de cabeza al agua.

YAGO.—Si haces tal locura no seremos amigos. ¡Vaya un mentecato!

RODRIGO.—La locura es la vida cuando la vida es dolor, y la mejor medicina de un ánimo enfermo es la muerte.

YAGO.—¡Qué desvarío! Conozco bien el mundo y todavía no sé de un hombre que se ame de veras a sí mismo. Antes que ahogarme por una mujer, me convertiría en mono.

RODRIGO.—¿Y qué he de hacer? Me avergüenzo de estar enamorado, pero ¿cómo remediarlo?

YAGO.—¿Pues no has de remediarlo? La voluntad es el hortelano de la vida, y puede criar en ella ortigas y cardos o hisopos y tomillo; una sola hierba o muchas; enriquecer la tierra o empobrecerla; tenerla de barbecho o abonarla. Para eso es la prudencia, el seso y el libre albedrío. Si en la balanza de la humana naturaleza el platillo de la razón no contrapesara al de los sentidos, nos llevaría el apetito a cometer mil aberraciones. Pero por dicha tenemos la luz de la mente que doma la sensualidad, de la cual me parece que no es más que una rama lo que llamáis amor.

RODRIGO.—No lo creo.

YAGO.—Hervor de sangre y flaqueza de voluntad. Muéstrate hombre. No te ahogues en poca agua. Siempre he sido amigo tuyo, y estoy ligado a ti por invencible afecto. Ahora puedo servirte como nunca. Toma dinero: síguenos a la guerra, disfrazado y con barba postiza. Toma dinero. ¿Piensas tú que a Desdémona le va a durar mucho su amor por el moro? Toma dinero. ¿Qué ha de durar? ¿No ves que el fin ha de ser tan violento como el principio? Toma dinero. Los moros son versátiles e inconstantes. Dinero, mucho dinero. Pronto le amargará el dulzor de ahora. Ella es joven y ha de cansarse de él, y caer en infidelidad y mudanza. Toma dinero. Y si te empeñas en irte al infierno, vete de un modo un poco más dulce que ahogándote. Recoge todo el dinero que puedas. Tú la lograrás, si es que mis artes y el poder del infierno no bastan a triunfar de la bendición de un clérigo y de un juramento de amor prestado a un salvaje vagabundo por una discretísima veneciana. Toma dinero, mucho dinero. No te ahogues ni te vuelvas loco. Más vale que te ahorquen después que la hayas poseído, que no ahogarte antes.

RODRIGO.—¿Me prometes ayudarme si me arrojo a tal empresa?

YAGO.—No lo dudes. Pero toma dinero. Te repetiré lo que mil veces te he dicho. Aborrezco de muerte al moro: yo sé por qué y la razón es poderosa. Tú no le aborreces menos. Conjurémonos los dos para vengarnos. Tú tendrás el deleite, yo la risa. Muchas cosas andan envueltas en el seno del porvenir. Vete y toma dinero y disfrázate. Mañana volveremos a hablar. Pásalo bien.

RODRIGO.—¿Dónde nos veremos?

YAGO.—En mi posada.

RODRIGO.—Iré temprano.

YAGO.—Así sea. ¿Rodrigo?

RODRIGO.—¿Tienes más que decirme?

YAGO.—No te ahogues, ¿eh?

RODRIGO.—Ya no pienso en eso: voy a convertir en dinero todo lo que poseo.

YAGO.—Hazlo así, y mucho dinero, mucho dinero en el bolsillo. *(Se va Rodrigo.)* Este necio será mi tesorero. Bien poco me habría de servir mi experiencia del mundo si yo fuera a perder más tiempo con él. Pero aborrezco al moro, porque se susurra que enamoró a mi mujer. No sé si es verdad, pero tengo sospechas, y me bastan como si fueran verdad averiguada. Él me estima mucho: así podré engañarle mejor. Casio es apuesto mancebo. ¡Qué bien me valdría su empleo! Así mataría dos pájaros a la vez. ¿Qué haré? Yo he de pensarlo despacio. Dejaré correr algún tiempo, y luego me insinuaré en el ánimo de Otelo, haciéndole entender que es muy sospechosa la amistad de Casio con su mujer. Las apariencias suyas son propias para seducir a las hembras. Por otra parte, el moro es hombre sencillo y crédulo: a todos cree buenos, y se dejará llevar del ronzal como un asno. ¡Ya he encontrado el medio! ¡Ya voy engendrando mi plan! ¡El infierno le dará luz para salir!

ACTO SEGUNDO

ESCENA PRIMERA

Un puerto de Chipre

Salen Montano y *dos* Caballeros

Montano.—¿Qué se descubre en alta mar?

Caballero 1.º—Nada distingo, porque la tormenta crece, y confundidos mar y cielo no dejan ver ni una sola nave.

Montano.—Paréceme que el viento anda muy desatado en tierra: nunca he visto en nuestra isla temporal tan horrendo. Si es lo mismo en alta mar, ¿qué quilla, por fuerte que sea, habrá podido resistir el empuje de esos montes de olas? ¿Qué resultará de aquí?

Caballero 2.º—Sin duda, el naufragio de la armada de los turcos. Pero acerquémonos a la orilla, y ved cómo las espumosas olas quieren asaltar las nubes, y cómo arrojan su rugidora, ingente y líquida cabellera sobre la ardiente Osa, como queriendo apagar el brillo de las estrellas del polo inmóvil. Nunca he visto tal tormenta en el mar.

Montano.—Es seguro que la armada turca ha perecido, a menos que se haya refugiado en algún puerto o ensenada. Imposible parece que resista a tan brava tempestad. *(Sale otro caballero.)*

Caballero 3.º—Albricias, amigos míos. Acabó la guerra. La tormenta ha dispersado las naves turcas. Una de Venecia, que ahora llega, ha visto naufragar la mayor parte de los barcos, y a los restantes con graves averías.

Montano.—¿Dices verdad?

Caballero 3.º—Ahora acaba de entrar en el puerto

la nave, que es veronesa. De ella ha desembarcado Miguel Casio, teniente de Otelo, el esforzado moro, quien arribará de un momento a otro, y trae toda potestad del gobierno de Venecia.

MONTANO.—Mucho me place la elección de tan buen gobernador.

CABALLERO 3.º—Pero Casio, aunque se alegra del descalabro de los turcos, está inquieto y hace mil votos porque llegue salvo el moro, a quien una tempestad separó de él.

MONTANO.—¡Ojalá se salve! Yo he peleado cerca de él y es bravo capitán. Vamos a la playa, a ver si Otelo llega o se descubre en el mar su nave, aunque sea en el límite donde el azul del cielo se confunde con el del mar.

CABALLERO 3.º—No nos detengamos: puede estar ahí dentro de un instante. *(Sale Casio.)*

CASIO.—Valerosos isleños, gracias por el amor que mostráis al moro. Ayúdele el cielo contra la furia de los elementos, que me separaron de él en lo más recio de la borrasca.

MONTANO.—¿Es fuerte su navío?

CASIO.—Y bien carenado, y lleva un piloto de larga ciencia y experiencia. Por eso no pierdo aún toda esperanza. *(Suenan dentro voces: "¡Vela, vela!". Sale otro caballero.)* ¿Qué ruido es ése?

CABALLERO 2.º—El pueblo se agolpa en la plaza gritando: "Una vela."

CASIO.—El alma me está diciendo que es la de Otelo. *(Se oye el disparo de un cañón.)*

CABALLERO 2.º—¿Oís el cañón? Es gente amiga.

CASIO.—Preguntad quién ha llegado.

CABALLERO 2.º—No tardaré. *(Vase.)*

MONTANO.—Decid, señor Casio: ¿el gobernador es casado?

CASIO.—E hizo una gran boda, porque su dama es de tal perfección y hermosura que ni pluma ni lengua humana pueden describirla, y vence todos los primores del arte la realidad de sus encantos. *(Sale el caballero 2.º)* ¿Quién ha llegado?

CABALLERO 2.º—Yago, el alférez del gobernador.

CASIO.—Rápido y feliz ha sido su viaje. Huracanes, mares alborotados, vientos sonoros, bancos de arena y falaces rocas, escollo del confiado navegante, han amansado un instante su natural dureza, cual si tuvieran entendimiento de hermosura, para dejar paso libre y seguro a Desdómona.

MONTANO.—¿Y quién es Desdémona?

CASIO.—Aquella de quien te hablé, la mujer de nuestro gobernador, que dejó a cargo de Yago el conducirla aquí. Por cierto que se ha adelantado cerca de siete días a nuestras esperanzas. ¡Dios soberano, protege a Otelo, manda a sus velas viento favorable, para que su nave toque pronto la bendecida orilla y él torne amante a los brazos de su hermosa Desdémona, inflame el valor de nuestros pechos y asegure la tranquilidad de Chipre! *(Salen Desdémona, Emilia, Yago, Rodrigo y acompañamiento.)* ¡Vedla! Ahí está. La nave ha echado a tierra su tesoro. ¡Ciudadanos de Chipre, doblad la rodilla ante ella! Bien venida seáis, señora. La celeste sonrisa os acompañe y guíe por doquiera.

DESDÉMONA.—Gracias, amigo Casio. ¿Qué sabéis de mi marido?

CASIO.—Todavía no ha llegado, pero puedo deciros que está bueno y que no tardará.

DESDÉMONA.—Mi temor es que... ¿Por qué no vinisteis juntos?

CASIO.—Nos separamos en la tremenda porfía del viento y del mar. *(Voces de: "Una vela, una vela." Cañonazos.)* ¿Oís? Una vela se divisa.

CABALLERO 2.º—Han hecho el saludo a la playa. Gente amiga son.

CASIO.—Veamos qué novedades hay. Salud, alférez, y

vos, señora. *(A Emilia. La besa.)* No os enojéis, señor Yago, por esta libertad, que no es más que cortesía.

YAGO.—Bien os portaríais si con los labios os deleitase tanto como a mí con la lengua.

DESDÉMONA.—¡Pero si nunca habla!

YAGO.—A veces más de lo justo, sobre todo cuando tengo sueño. Sin duda delante de vos se reporta, y riñe sólo con el pensamiento.

EMILIA.—¿Y puedes quejarte de mí?

YAGO.—Eres tan buena como las demás mujeres. Sonajas en el estrado, gatas en la cocina, santas cuando ofendéis, demonios cuando estáis agraviadas, perezosas en todo menos en la cama.

EMILIA.—¡Deslenguado!

YAGO.—Verdades digo. Y todavía la cama os parece estrecha.

EMILIA.—¡Buen panegírico harías de mí!

YAGO.—Más vale no hacerlo.

DESDÉMONA.—Y si tuvieras que hacer el mío, ¿qué dirías?

YAGO.—No me desafiéis, señora, porque no acierto a decir nada sin punta de sátira.

DESDÉMONA.—Hagamos la prueba. ¿Fué alguien al puerto?

YAGO.—Sí, señora.

DESDÉMONA.—Mi aparente alegría oculta honda tristeza. ¿Qué dirías de mí si tuvieras que alabarme?

YAGO.—Por más vueltas que doy al magín, con nada atino. Parece que mi ingenio se me escapa como liga de frisa. He aquí por fin el parto de mi musa. "Si es blanca y rubia, su hermosura engendrará placer de que ella sabiamente participe."

DESDÉMONA.—No dices mal. ¿Y si es morena y discreta?

YAGO.—Si es discreta y morena, puede estar segura de hechizar a algún blanco.

Desdémona.—¡Mal, mal!

Emilia.—¿Y si es necia y hermosa?

Yago.—Nunca la hermosa fué necia, porque no hay ninguna tan necia que no llegue a casarse.

Desdémona.—Chiste de mal gusto, frías agudezas de taberna. ¿Qué elogio podrás hacer de la que es necia y fea?

Yago.—Ninguna hay tan necia ni tan fea que al cabo no logre ser amada.

Desdémona.—¡Oh ignorante! El mayor elogio para quien menos lo merece. ¿Y qué podrás decir de la mujer virtuosa, en quien no puede clavar el diente la malicia misma?

Yago.—La hermosa que jamás cae en pecado de vanidad, la que no habla palabras ociosas; la que, siendo rica, no hace ostentación de lujosas galas; la que nunca pasa de la ocasión al deseo; la que no se venga del agravio, aunque la venganza sea fácil; la que nunca equivoca la cabeza del salmón con la cola, la que hace todas las cosas con maduro seso y no por ciego capricho, la que no mira atrás aunque la sigan, tal mujer como ésta, si pudiera hallarse, sería muy apetecible.

Desdémona.—¿Y para qué la querrías?

Yago.—Para criar necios y hacer su labor.

Desdémona.—Fría y mal entendida conclusión. No hagas caso de él, Emilia, aunque sea tu marido; y tú, Casio, ¿qué dices? ¿No te parece deslenguado e insolente?

Casio.—Peca de franco, señora mía, y es mejor soldado que hombre de corte. *(Hablan entre sí Casio y Desdémona.)*

Yago.—*(Aparte.)* Ahora le coge de la mano; hablad, hablad quedo, aunque la red es harto pequeña para coger tan gran pez como Casio. Mírale de hito en hito, sonríete. Yo te cogeré en tus propias redes. Bien, bien: así está bien. Si de esta manera pierdes tu oficio de teniente, más te valiera no haber besado nunca esa mano. ¡Bien, admirable beso! No te lleves los dedos a la boca. *(Óyese una trompeta.)* El moro llega.

CASIO.—Él es.

DESDÉMONA.—Vamos a recibirle.

CASIO.—Viene por allí. *(Sale Otelo.)*

OTELO.—¡Mi hermosa guerrera!

DESDÉMONA.—¡Otelo!

OTELO.—Tan grande es mi alegría como mi admiración de verte aquí antes de lo que esperaba. Si la tempestad ha de producir luego esta calma, soplen en hora buena los vendavales, levántense las olas y alcen las naves hasta tocar las estrellas o las sepulten luego en los abismos del infierno. ¡Qué grande sería mi dicha en morir ahora! Tan rico estoy de felicidad, que dudo que mi suerte me reserve un día tan feliz como éste!

DESDÉMONA.—¡Quiera Dios que crezcan nuestro amor y nuestra felicidad al paso de los años!

OTELO.—¡Quiéralo Dios! Apenas puedo resistir lo intenso de mi alegría: fáltanme palabras y el contento se desborda. ¡Oh, la menor armonía que suene entre nosotros sea la de este beso! *(La besa.)*

YAGO.—*(Aparte.)* Todavía estáis en buen punto, pero yo trastornaré muy pronto las llaves de esa armonía.

OTELO.—Vamos, amigos. Se acabó la guerra: los turcos van de vencida. ¿Qué tal, mis antiguos compañeros? Bien recibida serás en Chipre, amada mía. Grande honra me hizo el senado en enviarme aquí. No sé lo que me digo porque estoy loco de placer. Vete a la playa, amigo Yago, haz que saquen mis equipajes y conduce al castillo al piloto de la nave, que es hombre de valor y de experiencia y merece ser recompensado. Ven, Desdémona. *(Vanse.)*

YAGO. *(A Rodrigo.)* Espérame en el puerto. Pero antes oye una cosa, si es que eres valiente, y dicen que el amor hace valientes hasta a los cobardes. Esta noche el teniente estará de guardia en el patio del castillo. Has de saber que Desdómona está ciegamente enamorada de él.

RODRIGO.—Pero ¿cómo?

YAGO.—Déjate guiar por mí. Tú recuerda con qué ardor se enamoró del moro, sólo por haber oído sus bravatas. Pero ¿crees tú que eso puede durar? Si tienes entendimiento, ¿cómo has de creerlo? Sus ojos desean contemplar algo agradable, y ver a Otelo es como ver al demonio. Además, la sangre, después del placer, se enfría y necesita alimento nuevo: alguna armonía de líneas y proporciones, alguna semejanza de edad o de costumbres. Nada de eso tiene el moro, y por eso Desdémona se encontrará burlada; empezará por fastidiarse y acabará por aborrecerle, y entonces la naturaleza, que es la mejor maestra, le guiará a nueva elección. Y dando por supuestas todas estas cosas llanas y naturales, ¿quién está en más favorable coyuntura que Casio? Él es listo y discreto; conciencia, ninguna; todo en él es hipocresía y simulada apariencia y falsa cortesía para lograr sus torpes antojos. Es un pícaro desalmado; no dejará perder ninguna ocasión oportuna, y hasta sabe fingir favores que no existen. Luego es mozo y apuesto y posee cuantas cualidades pueden llevar detrás de sí los ojos de una mujer. Yo veo que ya piensa en ella.

RODRIGO.—Pues yo de ella no sospecho nada: me parece la virtud misma.

YAGO.—¡Buena virtud la de tus narices! Si poseyera esa virtud, ¿se hubiera casado con el moro? ¡No está mala la virtud! ¿No has reparado con qué cariño le estrechaba la mano?

RODRIGO.—Sería cortesía.

YAGO.—Sería lujuria: una especie de prólogo de sus livianos apetitos. Y luego se besaron hasta confundirse los alientos. No dudes que se aman, Rodrigo. Cuando se empieza con estas confianzas, el término está muy cer-

cano. Calla y déjate guiar: no olvides que yo te hice
salir de Venecia. Tú harás guardia esta noche donde yo
te indique. Casio no te ha visto nunca. Yo me alejaré
poco. Procura tú mover a indignación a Casio con cualquier pretexto, desobedeciendo sus órdenes, *verbi gratia*.

RODRIGO.—Así lo haré.

YAGO.—Tiene mal genio y fácilmente se incomodará
y te pondrá la mano en el rostro; con tal ocasión le
desafías, y esto me basta para que se arme un tumulto
entre los isleños, que llevan muy a mal el gobierno de
Casio. No pararemos hasta quitarle su empleo. Así allanas el camino que puede conducirte a tu felicidad. Yo
te ayudaré de mil modos, pero antes hay que derribar
el obstáculo mayor, y sin esto no podemos hacer nada.

DODRIGO.—Haré todo lo que las circunstancias exijan.

YAGO.—Ten confianza en lo que te digo. Esperaré en
el castillo, adonde tengo que llevar los cofres del moro.
Adiós.

RODRIGO.—Adiós. *(Se va.)*

YAGO.—Para mí es seguro que Casio está enamorado
de ella y parece natural que ella le ame. A pesar del
odio que le tengo, no dejo de conocer que es el moro
hombre bueno, firme y tenaz en sus afectos, y a la vez
de apacible y serena condición, y creo que será buen marido para Desdémona. Yo también la quiero, y no con
torpe intención, aunque quizá sea mayor mi pecado. La
quiero por instinto de venganza, porque tengo sospechas
de que el antojadizo mozo merodeó en otro tiempo por
mi jardín. Y de tal manera me conmueve y devora esta
sospecha, que no quedaré contento hasta verme vengado.
Mujer por mujer; y si esto no consigo, trastornar he el
seso del moro con celos matadores. Para eso, si no me
sirve este gozquecillo veneciano que estoy criando para
que siga la pista, me servirá Miguel Casio. Yo le acu-
saré ante el moro de amante de su mujer. Y mucho me
temo que ni aun la mía está segura con Casio. Con

esto lograré que Otelo me tenga por buen amigo suyo y me agradezca y premie con liberal mano por haberle hecho hacer papel de bestia, enloqueciéndole y privándole de sosiego. Todavía mi pensamiento vive confuso y entre sombras: que los pensamientos ruines sólo en la ejecución se descubren del todo.

ESCENA II

Calle

Un PREGONERO, *seguido de muchedumbre*

PREGONERO.—Manda nuestro general y gobernador Otelo, que sabida la destrucción completa de la armada turca, todos la celebren y se regocijen, bailando y encendiendo hogueras o con otra cualquier muestra de alegría que bien les pareciere. Además hoy celebra sus bodas. Éste es el bando que me manda pregonar. Estará abierto el castillo y puede durar libremente la fiesta desde las cinco que ahora son hasta que suene la campana de las doce. Dios guarde a Chipre y a Otelo.

ESCENA III

Sala del castillo

Salen OTELO, DESDÉMONA, CASIO *y acompañamiento*

OTELO.—Miguel, amigo mío, quédate esta noche a guardar el castillo. No olvidemos aquel prudente precepto de la moderación en la alegría.

CASIO.—Ya he dado mis órdenes a Yago. Con todo esto, tendré la vigilancia necesaria.

OTELO.—Yago es hombre de bien. Buenas noches, Casio. Mañana temprano te hablaré. Ven, amor mío *(A Desdémona.)*; después de comprar un objeto entra el disfrute de él. Todavía no hemos llegado a la posesión, esposa mía. Buenas noches. *(Vanse todos, menos Casio y Yago.)*

Casio.—Buenas noches, Yago. Es preciso hacer la guardia.

Yago.—Aún tenemos una hora, no han dado las diez. El general nos ha despedido tan pronto por quedarse solo con Desdémona. Y no me extraña: aún no la ha disfrutado, y por cierto que es digna del mismo Jove.

Casio.—Sí que es mujer bellísima.

Yago.—Y tiene trazas de ser alegre y saltadora como un cabrito.

Casio.—Me parece lozana y hermosa

Yago.—Tiene ojos muy provocativos. Parece que tocan a rebato.

Casio.—Y a pesar de eso, su mirada es honesta.

Yago.—¿Has oído su voz tan halagüeña que convida a amar?

Casio.—Ciertamente que es perfectísima.

Yago.—¡Benditas sean sus bodas! Ven, teniente mío; vaciemos un tonel de vino de Chipre a la salud de Otelo. Allá fuera tengo dos amigos que no dejarán de acompañarnos.

Casio.—Mala noche para eso, Yago. Mi cabeza no resiste el vino. ¿Por qué no se habrá inventado otra manera de pasar el rato?

Yago.—Es broma entre amigos. Nada más que una copa. Lo demás lo beberé yo por vos, si os empeñáis en decir que no.

Casio.—Esta noche no he bebido más que un vaso de vino y ése aguado, y así y todo ya siento los efectos. Mi debilidad es tan grande, que no me atrevo a acrecentar el daño.

Yago.—Cállate. Es noche de alegría. Darás gusto a los amigos.

Casio.—¿Dónde están?

Yago.—Ahí fuera. Les diré que entren, si queréis.

Casio.—Díselo, pero a fe que no lo hago de buen grado. *(Se va.)*

Yago.—Con otra copita más que yo le haga beber sobre la de esta tarde se alborotará más que un gozquecillo labrador. Ese Rodrigo, que es un necio, loco de amor, ha bebido esta noche largo y tendido a la salud de Desdémona. Él hace la guardia y con él tres mancebos de Chipre, nobles, pundonorosos y valientes. Veremos si Casio, mezclado con esta tropa de borrachos, hace alguna locura que le acarree enemistades en la isla. Aquí viene. Si esto me sale bien, adelantarán mucho mis proyectos. *(Sale Casio con Montano y criados con ánforas de vino.)*

Casio.—Por Dios vivo..., ya siento el efecto.

Montano.—Pues si no ha sido nada: apenas una botella.

Yago.—¡Ea! ¡Traed vino! *(Canta.)*

¡Sacudid, sacudid las copas:

el soldado es mortal y debe beber sin término!

¡Más vino, amigos!

Casio.—¡Linda canción, a fe mía!

Yago.—En Inglaterra la oí, tierra de grandes bebedores. Nada valen en cotejo con ellos daneses, alemanes y flemáticos holandeses.

Casio.—¿Bebe más el inglés?

Yago.—Fácil le es poner debajo de la mesa al danés, y con poca fatiga al alemán, y antes de apurar la última botella, al holandés.

Casio.—Brindo por el general.

Yago.—¡Oh dulce Inglaterra! *(Canta.)*

Hubo un rey, noble y caballero,

que se llamaba Esteban;

las calzas le costaban un doblón
y se enojaba de gastar tanto dinero
y llamaba al sastre ladrón.
Si esto hacía él que era tan gran monarca,
¿qué has de hacer tú, pobre pechero?
¡A cuántos perdió el subirse a mayores!
¡Más vino!

Casio.—Más me gusta esta canción que la que cantasteis anteriormente.

Yago.—¿Queréis que la repita?

Casio.—No, porque quien tales cosas canta merece perder su empleo. En fin, Dios es poderoso, y unos se salvarán y otros se condenarán.

Yago.—Bien dicho, teniente Casio.

Casio.—Sin agravio del gobernador ni de ningún otro personaje, yo creo que me salvaré.

Yago.—Y yo también lo creo, mi teniente.

Casio.—Pero permitidme que os diga que primero me he de salvar yo, porque el teniente debe ir antes que el alférez. Basta. Cada cual a su negocio... No creáis que estoy borracho, amigos míos. Ved: aquí está mi alférez; ésta es mi mano derecha, ésta mi mano izquierda. Os aseguro que no estoy borracho. ¿No veis que hablo con sustancia y concierto?

Todos.—Habláis en todo seso.

Casio.—¡Ya lo creo! En entera razón. No vayáis a creer que estoy borracho. *(Se va.)*

Montano.—Vamos a la explanada. Tenemos que hacer la guardia.

Yago.—¿Habéis visto a ese mancebo que acaba de irse? Digno es de mandar al lado del mismo César. ¡Lástima que tenga ese vicio, equinoccio de su virtud, porque la iguala! ¡Cuánto lo siento! ¡Pobre isla de Chipre si, cuando se la confiara Otelo, acertase Casio a padecer este accidente!

Montano.—¿Suele embriagarse?

Yago.—Todas las noches antes de acostarse. Tardaría más de veinticuatro horas en dormirse si con la bebida no arrullara el sueño.

Montano.—Bien haríamos avisando al gobernador con tiempo. Puede que no haya reparado en ello. Tal es la estimación que profesa a Casio, cuyas buenas cualidades compensan sus defectos. ¿No es verdad? *(Sale Rodrigo.)*

Yago.—¿Qué hay de nuevo? Vete detrás de Casio; no te detengas. *(Se va Rodrigo.)*

Montano.—¡Lástima que el moro otorgue tanta amistad y confianza a un hombre dominado por tan feo vicio! Convendrá hablar a Otelo.

Yago.—No he de ser yo quien le hable, porque quiero de veras a Casio y me alegraría de curarle. ¿Oyes el ruido? *(Voces dentro. Sale Casio persiguiendo a Rodrigo.)*

Casio.—¡Infame, perverso!

Montano.—¿Qué sucede, mi teniente?

Casio.—¿Tú enseñarme a mí? ¡Mil palos le he de dar, a fe de quien soy!

Rodrigo.—¡Tú apalearme!

Casio.—¿Y todavía te atreves a replicar?

Montano.—Manos quedas, señor teniente.

Casio.—Déjame o te señalo en la cara.

Montano.—Estáis beodo.

Casio.—¿Beodo yo?

Yago.—*(A Rodrigo.)* Echa a correr gritando: "Favor, alarma." *(Se va Rodrigo.)* Paz, señores. ¡Favor, favor! ¡Orden! ¡Buena guardia está la nuestra! *(Óyese el tañido de una campana.)* ¿Quién tocará la campana? ¡Qué alboroto! ¡Válgame el cielo! Deteneos, señor teniente. Camináis ciego a vuestra ruina. *(Sale Otelo con sus criados.)*

Otelo.—¿Qué ha sucedido?

Montano.—Yo me voy en sangre. Me han herido de muerte.

OTELO.—¡Deteneos!

YAGO.—¡Deteneos, teniente Casio! ¡Montano, amigos míos! ¿Tan olvidados estáis de vuestras obligaciones? ¿No veis que el general os está dando sus órdenes?

OTELO.—¿Qué pendencia es ésta? ¿Estamos entre turcos o nos destrozamos a nosotros mismos, ya que el cielo no permitió que ellos lo hiciesen? Si sois cristianos, contened vuestras iras, o caro le ha de costar al primero que levante el arma o dé un paso más. Haced callar esa campana que altera el sosiego de la isla. ¿Qué es esto, caballeros? Tú, mi buen Yago, ¿por qué palideces? Cuéntamelo todo. ¿Quién comenzó la pendencia? No me ocultes nada. Tu lealtad invoco.

YAGO.—El motivo no lo sé. Hace poco estaban en tanta paz y armonía como dos novios antes de entrar en el lecho, pero de repente, como si alguna maligna influencia sideral los hubiese tocado, desenvainan los aceros y se atacan y pelean a muerte. Repito que no sé la causa de la rencilla. ¡Ojalá yo hubiera perdido, lidiando bizarramente en algún combate glorioso, las dos piernas que me trajeron a ser testigo de tal escena!

OTELO.—¿Por qué tal atropello, amigo Casio?

CASIO.—Perdonadme, señor; ahora no puedo deciros nada.

OTELO.—Y vos, amigo Montano, que solíais ser tan cortés, y que aun de joven teníais fama bien ganada de prudente, ¿cómo habéis venido a perderla ahora cual si fuerais cualquier pendenciero nocturno? Respondedme.

MONTANO.—Mis heridas apenas me lo consienten, señor. Vuestro alférez Yago os podrá responder por mí. No tengo conciencia de haber ofendido a nadie esta noche, de obra ni de palabra, a no ser que sea agravio el defender la propia existencia contra un agresor injusto.

OTELO.—¡Vive Dios! Ya la sangre y la pasión vencen en mí al juicio. Y si llego a enojarme y a levantar el brazo, juro que el más esforzado ha de caer por tierra.

Decidme cómo empezó la cuestión, quién la provocó. ¡Infeliz de él, aunque fuera mi hermano gemelo! ¿Estabais locos? Cuando todavía resuenan en el castillo los gritos de guerra, cuando aún estarán llenas de terror las gentes de la isla, ¿mis propios guardas han de alterar el sosiego de la noche con disputas y rebatos? Dímelo con verdad, Yago. ¿Quién comenzó?

MONTANO.—No te juzgaré buen soldado si por amistad con Casio faltas a la verdad.

YAGO.—No me obliguéis tan duramente. Antes que faltar a mi amigo Casio me mordería la lengua. Pero hablaré, porque creo que el decir yo la verdad no le perjudica en nada. Las cosas pasaron así, señor gobernador: estaba Montano hablando conmigo, cuando se nos acercó un mancebo pidiéndonos ayuda contra Casio que venía detrás de él espada en mano. Este amigo se interpuso y rogó a Casio que se detuviera. Yo corrí detrás del fugitivo para que no alarmara al pueblo con sus gritos, como al fin sucedió, porque no pude alcanzarle. Con esto volví a donde sonaba el ruido de espadas y juramentos de Casio, que nunca hasta esta noche se le habían oído. Andaba entre ellos tan recia y trabada la pelea como cuando vos los separasteis. Nada más sé ni puedo deciros. El hombre es hombre, y el más justo cae y peca. Y tengo para mí que aunque Casio golpeó a Montano, como hubiera podido golpear a su mejor amigo en un arrebato de furor, fué sin duda porque había recibido del fugitivo alguna ofensa intolerable.

OTELO.—La amistad que con Casio tienes y tu natural benévolo, amigo Yago, te mueven a disculparle. Mucho te quiero, Casio, pero ya no puedes ser mi teniente. *(Sale Desdémona.)* Ved: con el alboroto habéis despertado a mi esposa. Voy a hacer en vosotros un ejemplar castigo.

DESDÉMONA.—¿Qué ha sido esto?

OTELO.—Ya está acabado todo, amiga mía. Vámonos a

descansar. Yo haré curar vuestra herida, caballero *(A Montano.)* Yago, procura calmar al pueblo, si es que anda alterado con la riña. Vámonos, Desdémona. Ésta es la vida del guerrero. Hasta en el seno del placer viene a despertarle ruido de armas. *(Quedan solos Casio y Yago.)*

Yago.—¿Estáis herido, teniente?

Casio.—Sí, y no hay cirujano que pueda curarme.

Yago.—¡No lo quiera Dios!

Casio.—¡He perdido la fama, el buen nombre, lo más espiritual y puro de mi ser, y sólo me queda la parte brutal! ¡El buen nombre, el buen nombre, Yago!

Yago.—¡Por Dios vivo! Creí que habíais recibido alguna herida material, la cual debiera angustiaros más que la pérdida de la fama. La fama no es sino vano ruido y falsedad e impostura, que las más veces se gana sin mérito y se pierde sin culpa. Y si vos no dais por perdida la fama, de fijo que no la habéis perdido. ¡Valor, amigo Casio! Medios tenéis para volver a la gracia del general. Os ha quitado el empleo en un momento de ira, y más por política y buen parecer que por mala intención. Así paga uno a veces al perro fiel, para asustar al bravo león. Suplicadle, pedidle perdón y todo os lo concederá.

Casio.—¡Cómo ha de atreverse a suplicar nada a un jefe tan íntegro y bueno un oficial tan perdido, borracho y sin seso como yo! ¡Embriagarme yo, perder el juicio, hablar por los codos, disputar, decir bravatas y reñir hasta con mi sombra! ¿Cómo te llamaré, espíritu incorpóreo del vino, que aún no tienes nombre? Sin duda que debo llamarte demonio.

Yago.—¿Y a quién perseguíais con el acero desnudo? ¿Qué os había hecho?

Casio.—Lo ignoro.

Yago.—¿Es posible?

Casio.—Muchas cosas recuerdo, pero todas confusas e incoherentes. Sólo sé que hubo una pendencia, pero de la causa no puedo dar razón. ¡Dios mío! ¿No es buena locura que los hombres beban a su propio enemigo y que se conviertan, por medio del júbilo y de la algazara, en brutos animales?

YAGO.—Ya os habéis serenado. ¿Cómo habéis recobrado el juicio tan pronto?

CASIO.—El demonio de la ira venció al de la embriaguez. Un defecto provoca a otro, para que yo me avergüence más y más de mí mismo.

YAGO.—Esa moral es severa con exceso. Por la hora, por el lugar y por el estado intranquilo de la isla, valiera más que esto no hubiera sucedido, pero ya que pasó y no podéis remediarlo, tratad de reparar el yerro.

CASIO.—Cuando yo le vuelva a pedir mi empleo me llamará borracho. Aunque yo tuviera todas las bocas de la hidra, esta respuesta bastaría para hacerlas callar. ¡Pasar yo en breve rato desde el estado de hombre juicioso al de loco frenético y luego al de bestia! ¡Qué horror! Cada copa es una maldición del infierno; cada botella, un demonio.

YAGO.—No digáis eso, que el buen vino alegra el corazón humano cuando no se abusa de él. No creo, teniente Casio, que dudaréis de la firmeza de mi amistad.

CASIO.—Tengo pruebas de ello. ¡Borracho yo!

YAGO.—Vos y cualquiera puede emborracharse alguna vez. Ahora oíd lo que os toca hacer. La mujer de nuestro gobernador le domina a él, porque él está encantado y absorto en la contemplación de su belleza. Decidle la verdad, ponedla por intercesora, para que os resistituya a vuestro empleo. Ella es tan buena, dulce y cariñosa que hará de seguro más de lo que acertéis a pedirle: ella volverá a componer esa amistad quebrada entre vos y su esposo, y apostaría toda mi dicha futura a que este disgustillo sirve para estrecharla más y más.

CASIO.—Me das un buen consejo.

Yago.—Y tan sincero y honrado como es mi amitad hacia vos.

Casio.—Así lo creo. Lo primero que haré mañana será rogar a Desdémona que interceda por mí. Si ella me abandona, ¿qué esperanza puede quedarme?

Yago.—Bien decís. Buenas noches, teniente. Voy a la guardia.

Casio.—Buenas noches, Yago.

Yago.—¿Y quién dirá que soy un malvado y que no son buenos y sanos mis consejos? Éste es el único modo de persuadir a Otelo, y muy fácil es que Desdémona interceda en favor de él, porque su causa es buena y porque Desdómona es más benigna que un ángel del cielo. Y poco le ha de costar persuadir al moro. Aunque le exigiera que renegase de la fe de Cristo, de tal manera le tiene preso en la red de su amor, que puede llevarle a donde quiera y le maneja a su antojo. ¿En qué está mi perfidia si aconsejo a Casio el medio más fácil de alcanzar lo que deseo? ¡Diabólico consejo el mío! ¡Arte propia del demonio engañar a un alma incauta con halagos que parecen celestiales! Así lo hago yo, procurando que este necio busque la intercesión de Desdémona, para que ella ruegue al moro en favor de él. Y entre tanto yo destilaré torpe veneno en los oídos del moro, persuadiéndole que Desdémona pone tanto empeño en que no se vaya Casio para conservar su ilícito amor. Y cuanto ella haga por favorecerle, tanto más crecerán las sospechas de Otelo. De esta manera convertiré el vicio en virtud, tejiendo con la piedad de Desdémona la red en que ambos van a caer. *(Sale Rodrigo.)* ¿Qué novedades traes, Rodrigo?

Rodrigo.—Sigo la caza, pero sin fruto. Mi dinero se acaba; esta noche me han apaleado, y creo que el mejor desenlace de todo sería volverme a Venecia, con alguna experiencia de más, harto duramente adquirida, y con algunos ducados de menos.

Yago.—¡Pobre del que no tiene paciencia! ¿Qué herida se curó de primera intención? No procedemos por ensalmos, sino con maña y cautela, y dando tiempo al tiempo. ¿No ves en qué estado andan las cosas? Es verdad que Casio te ha apaleado, pero él en cambio pierde su oficio. La mala hierba crece sin sol, pero la flor temprana es señal de temprana fruta. Ten paciencia y sosiego. Vete a tu posada: luego sabrás lo restante; vete, vete. Dos cosas tengo que hacer. La primera, hacer que mi mujer ayude a Desdémona en su petición a favor de Casio; y cuando ella esté suplicando con más ahinco, me interpondré yo y hablaré al moro. No es ocasión de timideces ni de esperas.

ACTO TERCERO

ESCENA PRIMERA

Sala del castillo

CASIO y MÚSICOS

CASIO.—Yo os pago. Tocad un breve rato para festejar el natalicio del gobernador. *(Sale el bufón.)*

BUFÓN.—Señores, ¿vuestros instrumentos han adquirido en Nápoles esa voz tan gangosa?

MÚSICOS.— ¿Qué decís?

BUFÓN.—Tomad dinero; el gobernador gusta tanto de vuestra música, que os paga para que no continuéis.

MÚSICOS.—Bien, señor. Callaremos.

BUFÓN.—Tocad sólo alguna música que no se oiga, si es que la sabéis. En cuanto a la que se oye, el general no puede sufrirla.

MÚSICOS.—Nunca hemos sabido tales músicas.

BUFÓN.—Pues idos con la vuestra a otra parte, porque si no, me iré yo. ¡Idos lejos! *(Se van.)*

CASIO.—¿Oyes, amigo?

BUFÓN.—No oigo al amigo: te oigo a ti.

CASIO.—Basta de bromas; toma una moneda de oro. Si la dama que acompaña a la mujer del gobernador está ya levantada, dile que un tal Casio quiere hablarle. ¿Se lo dirás?

BUFÓN.—Ya está levantada, y si la encuentro le diré lo que deseáis.

CASIO.—Díselo, amigo mío. *(Se va el bufón. Sale Yago.)* Bien venido, Yago.

YAGO.—¿No os habéis acostado?

CASIO.—Era casi de día cuando me separé de ti. Aho-

131

ra he enviado un recado a tu mujer, para que me facilite una entrevista con Desdémona.

Yago.—Yo haré que la veas, y procuraré alejar a Otelo para que no os interrumpa.

Casio.—De todas veras te lo agradeceré. *(Aparte.)* Ni en Florencia misma he hallado un hombre tan cortés y atento. *(Sale Emilia.)*

Emilia.—Buenos días, teniente. Mucho siento el percance que os ha pasado, pero creo que al fin ha de remediarse. De ello están hablando el gobernador y su mujer. Ella os defiende mucho. Otelo replica que heristeis a una persona muy conocida en Chipre: que es forzoso el castigo, y que por eso os destituyó. Pero como es tan amigo vuestro, no tardará en devolveros el empleo, apenas haya ocasión propicia.

Casio.—A pesar de todo, me parece conveniente hablar a solas con Desdémona, si es que mi pretensión no te parece descabellada.

Emilia.—Ven conmigo; yo te llevaré a sitio donde puedas hablarle con toda libertad.

Casio.—Mucho te agradeceré tal favor. *(Se van.)*

ESCENA II

Una sala del castillo

Salen Otelo, Yago *y varios* Caballeros

Otelo.—Yago, entrega tú estas cartas al piloto, para que las comunique al senado. Entre tanto yo voy a las murallas. Allí me encontrarás.

Yago.—Está bien, general.

Otelo.—Caballeros, ¿queréis visitar la fortificación?

Caballeros.—Como gustéis.

ESCENA III

Jardín del castillo

DESDÉMONA, EMILIA y CASIO

DESDÉMONA.—Pierde el temor, amigo mío. Te prestaré toda la ayuda y favor que pueda.

EMILIA.—Señora, os suplico que lo hagáis, porque mi marido lo toma como asunto propio.

DESDÉMONA.—Es muy honrado. Espero veros pronto amigos a Otelo y a ti, buen Casio.

CASIO.—Generosa señora, sucédame lo que quiera, Miguel Casio será siempre esclavo vuestro.

DESDÉMONA.—En mucho aprecio tu amistad. Sé que hace tiempo la tienes con mi marido, y que sólo se alejará de ti el breve tiempo que la prudencia lo exija.

CASIO.—Pero esa prudencia puede durar tanto, o acrecentarse con tan perverso alimento, o atender a tan falsas apariencias que, estando ausente yo y sucediéndome otro en el destino, olvide el general mis servicios.

DESDÉMONA.—No tengas ese recelo. A Emilia pongo por testigo de que no he de desistir hasta que te restituyan el empleo. Yo cumplo siempre lo que prometo y juro. No dejaré descansar a mi marido; de día y de noche he de seguirle y abrumarle con ruegos y súplicas a tu favor. Ni en la mesa ni en el lecho dejaré de importunarle. Buen abogado vas a tener. Antes moriré que abandonar la pretensión de Casio.

EMILIA.—Señora, el amo viene.

CASIO.—Adiós, señora.

DESDÉMONA.—Quédate y oye lo que voy a decirle.

CASIO.—No puedo oírte ahora ni estoy de buen temple para hablar en causa propia.

DESDÉMONA.—Como queráis. *(Se va Casio. Salen Otelo y Yago.)*

Yago.—No me parece bien esto.

Otelo.—¿Qué dices entre dientes?

Yago.—Nada... No lo sé, señor.

Otelo.—¿No era Casio el que hablaba con mi mujer?

Yago.—¿Casio? No, señor. ¿Por qué había de huir él tan pronto, apenas os vió llegar?

Otelo.—Pues me pareció que era Casio.

Desdémona.—¿Tú de vuelta, amor mío? Ahora estaba hablando con un pobre pretendiente, que se queja de tus enojos.

Otelo.—¿Quién?

Desdémona.—Tu teniente Casio. Y si en algo estimas mi amor y mis caricias, óyeme benévolo. O yo no entiendo nada de fisonomías, o Casio ha pecado más que por malicia por ignorancia. Perdónale.

Otelo.—¿Era el que se fué de aquí ahora mismo?

Desdémona.—Sí, tan triste y abatido, que me dejó parte de su tristeza. Haz que vuelva contento, esposo mío.

Otelo.—Ahora no; otra vez será, esposa mía.

Desdémona.—¿Pronto?

Otelo.—Tus ruegos adelantarán el plazo.

Desdémona.—¿Esta noche, a la hora de cenar?

Otelo.—Esta noche no puede ser.

Desdémona.—¿Mañana, a la hora de comer?

Otelo.—Mañana no comeré en casa. Tenemos junta militar en el castillo.

Desdémona.—Entonces mañana por la noche, o el martes por la mañana, por la tarde o por la noche, o el miércoles muy de madrugada. Fíjame un término y que sea corto: tres días a lo más. Ya está arrepentido. Y aunque dicen que las leyes de la guerra son duras, y que a veces exigen el sacrificio de los mejores, su falta es bien leve y digna sólo de alguna reprensión privada. Dime, Otelo: ¿cuándo volverá? Si tú me pidieras algo, no te lo negaría yo, ciertamente. Mira que en nada pienso tanto como en esto. ¿No te acuerdas que Casio fué confidente de nuestros amores? ¿No sabes que él te defendía siempre, cuando yo injustamente y por algún arrebato de celos hablaba mal de ti? ¿Por qué dudas en perdonarle? No sé cómo persuadirte...

OTELO.—Basta, mujer, no me digas más. Que vuelva cuando quiera.

DESDÉMONA.—No te he pedido gracia, ni sacrificio, sino cosa que a ti mismo te está bien y te importa. Es como si te pidiera que te abrigaras, o que te pusieras guantes, o que comieses bien. Si mi petición fuera de cosa más difícil y costosa, a fe que tendría yo que medir. y pesar bien las palabras, y aun así sabe Dios si lo alcanzaría.

OTELO.—Nada te negaré. Una cosa sola he de pedirte. Déjame solo un rato.

DESDÉMONA.—¿Yo dejar de obedecerte? Adiós, señor mío, adiós.

OTELO.—Adiós, Desdémona. Pronto seré contigo.

DESDÉMONA.—Ven, Emilia. *(A Otelo.)* Siempre seré rendida esclava de tus voluntades. *(Se van.)*

OTELO.—¡Alma de mi alma! ¡Condenada sea mi alma si yo no te quiero; y si alguna vez dejo de quererte, confúndase y acábese el universo!

YAGO.—General.

OTELO.—¿Qué dices, Yago?

YAGO.—¿Miguel Casio tuvo alguna noticia de vuestros amores con la señora?

OTELO.—Lo supo todo, desde el principio hasta el fin. ¿A qué esa pregunta?

YAGO.—Por nada, por matar un recelo mío.

OTELO.—¿Qué recelo?

YAGO.—Yo creí que nunca la había tratado.

OTELO.—¡Si fué confidente y mensajero de nuestros amores!

YAGO.—¿Eso dices?

OTELO.—La verdad digo. ¿Por qué te sorprende? Pues ¿no es hombre de fiar?

YAGO.—Sí, hombre de bien.

OTELO.—Muy de bien.

YAGO.—Así que sepa...

OTELO.—¿Qué estáis murmurando?

YAGO.—¿Murmurar?

OTELO.—¡Sí; algo piensas, vive Dios! Vas repitiendo como un eco mis palabras, como si tuvieras en la conciencia algún monstruo y no te atrevieras a arrojarle. Hace un momento, cuando viste juntos a Casio y a mi mujer, dijiste que no te parecía bien. ¿Y por qué no? Ahora, cuando te he referido que fué medianero de nuestros amores, preguntaste: "¿Es verdad eso?" y te quedaste caviloso, como si madurases alguna siniestra idea. Si eres amigo mío, dime con verdad lo que piensas.

YAGO.—Señor, ya sabéis que de todas veras os amo.

OTELO.—Por lo mismo que lo sé y lo creo, y te juzgo hombre serio y considerado en lo que dices, me asustan tus palabras y tu silencio. No los extrañaría en hombres viles y soeces, pero en un hombre honrado como tú son indicios de que el alma está ardiendo, y de que quiere estallar de indignación comprimida.

YAGO.—Juro que tengo a Miguel Casio por hombre de honor.

OTELO.—Yo también.

YAGO. El hombre debe ser lo que parece, o a lo menos aparentarlo.

OTELO.—Dices bien.

YAGO.—Repito que a Casio le tengo por hombre honrado.

OTELO.—Eso no es decírmelo todo. Declárame cuanto piensas y recelas, hasta lo peor y más oculto.

YAGO.—Perdonadme, general: os lo suplico. Yo estoy obligado a obedeceros en todo, menos en aquellas cosas donde ni el mismo esclavo debe obedecer. ¿Revelaros mi pensamiento? ¿Y si mi pensamiento fuera torpe, vil y menguado? ¿En qué palacio no penetra alguna vez la alevosía? ¿En qué pecho no caben injustos recelos y cavilosidades? Hasta en el más recto juicio pueden unirse bajos pensamientos.

OTELO.—Yago, faltas a la amistad si creyendo infamado a tu amigo no le descubres tu sospecha.

YAGO.—¿Y si mi sospecha fuera infundada? Porque yo soy naturalmente receloso y suspicaz, y quizá veo el mal donde no existe. No hagáis caso de mis malicias, vagas e infundadas, ni perturbéis vuestro reposo por ellas, ni yo como hombre honrado y pundonoroso debo revelaros el fondo de mi pensamiento.

OTELO.—¿Qué quieres decir con eso?

YAGO.—¡Ay, querido jefe mío! La buena reputación, así en hombre como en mujer, es el tesoro más preciado. Poco roba quien roba mi dinero: antes fué algo, después nada; antes mío, ahora suyo, y puede ser de otros cincuenta. Pero quien me roba la fama, no se enriquece, y a mí me deja pobre.

OTELO.—¿Qué estás pensando? Dímelo, por Dios vivo. Quiero saberlo.

YAGO.—No lo sabréis nunca, aunque tengáis mi corazón en la mano.

OTELO.—¿Por qué?

YAGO.—Señor, temed mucho a los celos, pálido monstruo, burlador del alma que le da abrigo. Feliz el engañado que descubre el engaño y consigue aborrecer a la engañadora, pero ¡ay del infeliz que aún la ama, y duda, y vive entre amor y recelo!

OTELO.—¡Horrible tortura!

YAGO.—Más feliz que el rico es el pobre, cuando está resignado con su suerte. Pero el contrario, el rico, aunque posea todos los tesoros de la tierra, es infeliz por el temor, que a todas las horas le persigue, de perder su ...¡Dios mío!, aparta de mis amigos los celos.

Otelo.—¿Qué quieres decir? ¿Imaginas que he de pasar la vida entre sospechas y temores, cambiando de rostro como la Luna? No: la duda y la resolución sólo pueden durar en mí un momento, y si alguna vez hallares que me detengo en la sospecha y que no la apuro, llámame imbécil. Yo no me encelo si me dicen que mi mujer es hermosa y alegre, que canta y toca y danza con primor, o que se complace en las fiestas. Si su virtud es sincera, brillará así. Tampoco he llegado a dudar nunca de su amor. Ojos tenía ella y entendimiento para escoger. Yago, para dudar necesito pruebas, y así que las adquiera acabaré con el amor o con los celos.

Yago.—Dices bien. Y así conocerás mejor la lealtad que te profeso. Ahora no puedo darte pruebas. Vigila a tu esposa: repárala bien cuando hable con Casio, pero que no conozca tus recelos en la cara. No sea que se burlen de tu excesiva buena fe. Las venecianas sólo confían a Dios el secreto y saben ocultárselo al marido. No consiste su virtud en no pecar, sino en esconder el pecado.

Otelo.—¿Eso dices?

Yago.—A su padre engañó por amor tuyo, y cuando fingía mayor esquiveza era cuando más te amaba.

Otelo.—Verdad es.

Yago.—Pues la que tan bien supo fingir, hasta engañar a su padre, que no podía explicarse vuestro amor sino como obra de hechicería... Pero ¿qué estoy diciendo? Perdóname si me lleva demasiado lejos el cariño que te profeso.

Otelo.—Eterna será mi gratitud.

Yago.—Mal efecto te han hecho mis palabras, señor.

Otelo.—No. Mal efecto ninguno.

Yago.—Paréceme que sí. Repara que cuanto te he dicho ha sido por tu bien. Pero, señor, ¡estáis desconcertado! Ruégoos que no entendáis mis palabras más que como suenan, ni deis demasiado crédito e importancia a una sospecha.

Otelo.—Te lo prometo.

Yago.—Si no, lo sentiría, y aún sería más pronto el desenlace de lo que yo me imaginé. Casio es amigo mío... Pero ¡estás turbado!

Otelo.—¿Por qué? Yo tengo a Desdémona por honrada.

Yago.—¡Que lo sea por mucho tiempo! ¡Que por muchos años lo creas tú así!

Otelo.—Pero cuando la naturaleza comienza a extraviarse...

Yago.—Ahí está el peligro. Y a decir verdad, el haber despreciado tan ventajosos casamientos de su raza, de su patria y condición, y haberse inclinado a ti, parece indicio no pequeño de torcidas y livianas inclinaciones. La naturaleza hubiera debido moverla a lo contrario. Pero... perdonadme: al decir esto no aludo a ella solamente, aunque temo que al compararos con los mancebos de Venecia pudiera arrepentirse.

Otelo.—Adiós, adiós, y si algo más averiguas no dejes de contármelo. Que tu mujer los vigile mucho. Adiós, Yago.

Yago.—Me voy, general. Quédate con Dios. *(Se aparta breve trecho.)*

Otelo.—¿Para qué me habré casado? Sin duda este amigo sabe mucho más de lo que me ha confesado.

Yago.—Gobernador, os suplico que no volváis a pensar en eso. Dad tiempo al tiempo, y aunque parece justo que Casio recobre su empleo, puesto que es hábil para desempeñarlo, mantened las cosas en tal estado algún tiempo más, y entre tanto podéis estudiar su carácter y advertir si vuestra mujer toma con mucho calor su vuelta. Éste será vehemente indicio; pero entre tanto, inclinaos a pensar que me he equivocado en mis sospechas y temores, y no desconfiéis de su fidelidad.

Otelo.—No temáis.

Yago.—Adiós otra vez. *(Vase.)*

Otelo.—Este Yago es buen hombre y muy conocedor del mundo. ¡Ay, halcón mío!, si yo te encontrara fiel, aunque te tuviera sujeto al corazón con garfios y correas, te lanzaría al aire en busca de presa. ¿Quizá me estará engañando por ser yo viejo y negro, o por no tener la cortesía y ameno trato propios de la juventud? ¿Pero qué me importa la razón? Lo cierto es que la he perdido, que me ha engañado y que no tengo más recurso que aborrecerla. ¡Maldita boda: ser yo dueño de tan hermosa mujer, pero no de su alma! Más quisiera yo ser un sapo asqueroso o respirar la atmósfera de una cárcel que compartir con nadie la posesión de esa mujer. Pero tal es la maldición que pesa sobre los grandes, más infelices en esto que la plebe. Maldición que nos amenaza desde que comenzamos a respirar el vital aliento. Aquí viene Desdémona. *(Salen Desdémona y Emilia.)* *(Aparte.)* ¿Será verdad que es infiel? ¿Se burlará el cielo de sí mismo?

Desdémona.—Otelo, ven; los nobles de la isla están ya congregados para el banquete.

Otelo.—¡Qué insensatez la mía!

Desdémona.—¿Por qué hablas entre dientes? ¿Estás malo?

Otelo.—Me duele la cabeza.

Desdémona.—Sin duda, por el insomnio. Pero pronto sanarás. Yo te vendaré la cabeza, y antes de una hora estarás aliviado. *(Intenta ponerle el pañuelo.)*

Otelo.—Ese pañuelo es pequeño. *(Se cae el pañuelo.)* Déjalo. Me voy contigo.

Desdémona.—Mucho siento tu incomodidad. *(Vanse.)*

Emilia.—¡Oh felicidad! Éste es el pañuelo, primera ofrenda amorosa del moro. Mi marido me ha pedido mil veces que se lo robe a Desdémona, pero como ella lo tiene en tanto aprecio, y Otelo se lo encomendó tanto, jamás lo deja de la mano, y muchas veces lo besa y acaricia. Haré copiar la misma labor y se la daré a Yago, aunque no puedo atinar para qué lo desea; Dios lo sabe. A mí sólo me toca obedecer. *(Sale Yago.)*

YAGO.—¿Cómo estás sola?

EMILIA.—No te enojes, que algo tengo que regalarte.

YAGO.—¿A mí? ¿Qué? Buena cosa será.

EMILIA.—¡Ya lo creo!

YAGO.—Eres necia, esposa mía.

EMILIA.—¡Ya lo creo! ¿Cuánto me darás por aquel pañuelo?

YAGO.—¿Qué pañuelo?

EMILIA.—Aquel que el moro regaló a Desdémona, y que tantas veces me has mandado robar.

YAGO.—¿Y ya lo has hecho?

EMILIA.—No lo he robado, sino que le he recogido del suelo, donde ella lo dejó caer. Tómale, aquí está.

YAGO.—Dámele pues, amor mío.

EMILIA.—¿Y para qué? ¿Cómo tuviste tanto empeño en que yo lo robara?

YAGO.—*(Cogiendo el pañuelo.)* ¿Qué te importa? Dámele.

EMILIA.—Si no lo necesitas para cosa de importancia, devuélvemelo pronto, Yago, porque mi señora se morirá de pena así que eche de ver la falta.

YAGO.—No le confieses nada. Necesito el pañuelo. ¿Oyes? Vete. *(Vase Emilia.)* Voy a tirar este pañuelo en el aposento de Casio, para que allí lo encuentre Otelo. La sombra más vana, la más ligera sospecha son para un celoso irrecusables pruebas. Ya comienza a hacer su efecto el veneno: al principio apenas ofende los labios, pero luego, como raudal de lava, abrasa las entrañas. Aquí viene el moro. *(Aparte.)* No podrás conciliar hoy el sueño tan apaciblemente como ayer, aunque la adormidera, el beleño y la mandrágora mezclen para ti sus adormecedores jugos.

OTELO.—¡Infiel! ¡Infiel!

YAGO.—¿Qué decís, gobernador?

OTELO.—¡Lejos de mí! Tus sospechas me han puesto en el tormento. Vale más ser engañado del todo que padecer, víctima de una duda.

YAGO.—¿Por qué decís eso, general?

OTELO.—¿Qué me importan sus ocultos retozos, si yo no los veía ni me percataba de ellos, ni perdía por eso el sueño, la alegría ni el reposo? Jamás advertí en sus labios la huella del beso de Casio. Y si el robado no conoce el robo, ¿qué le importa que le hurten?

YAGO.—Duéleme oírte hablar así.

OTELO.—Yo hubiera podido ser feliz aunque los más ínfimos soldados del ejército hubiesen disfrutado de la hermosura de ella. ¡Pero haberlo sabido! ¡Adiós, paz de mi alma! ¡Adiós, bizarros escuadrones, glorioso campo de pelea, que truecas la ambición en virtud ¡Adiós, corceles de batalla, clarín agudo, bélicos tambores, pífanos atronantes, banderas desplegadas, pompa de los ojos, lujo y estruendo de las armas. ¡Adiós todo, que la gloria de Otelo se ha acabado!

YAGO.—¿Será verdad, señor?

OTELO.—¡Infame! Dame pruebas infalibles de que mi esposa es adúltera. ¿Me oyes? Quiero pruebas que entren por los ojos, y si no me las das, perro malvado, más te valiera no haber nacido que encontrarte al alcance de mis manos. ¡Haz que yo lo vea, o a lo menos pruébalo de tal suerte que la duda no encuentre resquicio ni pared adonde aferrarse! Y si no, ¡ay de ti!

YAGO.—¡Señor, jefe mío!

OTELO.—Si lo que me has dicho, si el tormento en que me has puesto no es más que una calumnia, no vuelvas a rezar en todos los días de tu vida: sigue acumulando horrores y maldades, porque tu eterna condenación es tan segura que poco puede importarme un crimen más.

YAGO.—¡Piedad, Dios mío! ¿Sois hombre, Otelo, o es que habéis perdido el juicio? Desde ahora renuncio a mi empleo. ¡Qué necio yo, cuyos favores se toman por agravios! ¡Cuán triste cosa es en este mundo ser honrado y generoso! Mucho me alegro de haberlo aprendido. Desde hoy prometo no querer a nadie, si la amistad se paga de este modo.

Otelo.—No te vayas. Escúchame. Mejor es que seas honrado.

Yago.—No; seré ladino y cauteloso. La bondad se convierte en insensatez cuando trabaja contra sí misma.

Otelo.—¡Por Dios vivo! Yo creo y no creo que mi mujer es casta, y creo y no creo que tú eres hombre de bien. Pruebas, pruebas. Su nombre, que resplandecía antes más que el rostro de la Luna, está ahora tan oscuro y negro como el mío. No he de sufrirlo, mientras haya en el mundo cuerdas, aceros, venenos, hogueras y ríos desbordados. ¡Pruebas, pruebas!

Yago.—Señor, veo que sois juguete de la pasión, y ya me va pesando mi franqueza. ¿Queréis pruebas?

Otelo.—No las quiero, las tendré.

Yago.—Y podéis tenerlas. Pero ¿qué género de pruebas? ¿Queréis verlos juntos? ¡Qué grosería!

Otelo.—¡Condenación! ¡Muerte!

Yago.—Y tengo para mí que había de ser difícil sorprenderlos en tal ocasión. Buen cuidado tendrán ellos de ocultar sus adúlteras caricias a la vista de todos. ¿Qué prueba bastará a convenceros? ¿Ni cómo habéis de verlos? Aunque estuviesen más ardorosos que simios o cabras o que lobos en el celo, o más torpes y necios que la misma estupidez. De todas suertes, aunque yo no pueda daros pruebas evidentes, tengo indicios tales que pueden llevaros a la averiguación de la verdad.

Otelo.—Dame alguna prueba clara y evidente de su infidelidad.

Yago.—A fe mía que no me gusta el oficio de delator, pero a tal extremo han llegado las cosas que ya no puedo evitarlo. Ya sabes que mi aposento está cerca del de Casio, y que aquejado por el dolor de muelas no puedo dormir. Hay hombres tan ligeros que entre sueños descubren su secreto. Así Casio, que entre sueños decía: "Procedamos con cautela, amada Desdémona." Y luego me cogió de la mano y me la estrechó con fuerza, diciéndome: "Amor mío", y me besó como si quisiera desarraigar los besos de mis labios, y dijo en voz alta: "¡Maldita fortuna la que te hizo esposa del moro!"

OTELO.—¡Qué horror!

YAGO.—Pero todo eso fué un sueño.

OTELO.—Prueba palpable, aunque fuera sueño, puesto que descubre que su amor ha llegado a la posesión definitiva.

YAGO.—Esta prueba sirve para confiar otras, aunque ninguna de ellas os convence.

OTELO.—Quiero destrozarla.

YAGO.—Ten prudencia. Con certidumbre no sé nada. ¿Quién sabe si será fiel todavía? ¿No has visto alguna vez un pañuelo bordado en manos de Desdémona?

OTELO.—Sí, por cierto; fué el primer regalo que le hice.

YAGO.—No lo sabía yo, pero vi en poder de Casio un pañuelo del todo semejante. Sí: estoy seguro de que era el de vuestra mujer.

OTELO.—¡Si fuera el mismo...!

YAGO.—Aquel u otro: basta que fuera de ella para ser un indicio desfavorable.

OTELO.—Ojalá tuviera él cien mil vidas, que una sola no me basta para saciar mi venganza. Mira, Yago: con mi aliento arrojo para siempre mi amor. ¡Sal de tu caverna, hórrida venganza! Amor, ¡ríndete al monstruo del odio! ¡Pecho mío, llénate de víboras!

YAGO.—Cálmate, señor.

OTELO.—¡Sangre, Yago, sangre!

YAGO.—Sangre, no; paciencia. ¿Quién sabe si mudaréis de pensamiento?

OTELO.—Nunca, Yago. Así como el gélido mar corre

siempre con rumbo a la Propóntide y al Helesponto, sin volver nunca atrás su corriente, así mis pensamientos de venganza no se detienen nunca en su sanguinaria carrera, ni los templará el amor, mientras no los devore la venganza. Lo juro solemnemente por el cielo que nos cubre. *(Se arrodilla.)*

YAGO.—No os levantéis. *(Se arrodilla también.)* Sed testigos, vosotros, luceros de la noche, y vosotros, elementos que giráis en torno del mundo, de que Yago va a dedicar su corazón, su ingenio y su mano a la venganza de Otelo. Lo que él mande, yo lo obedeceré, aunque me parezca feroz y sanguinario.

OTELO.—Gracias, y acepto gustoso tus ofertas, y voy a ponerte a prueba en seguida. Ojalá dentro de tres días puedas decirme: "Ya no existe Casio."

YAGO.—Dad por muerto a mi amigo, aunque ella viva.

OTELO.—No, no: ¡vaya al infierno esa mujer carnal y lujuriosa! Voy a buscar astutamente medios de dar muerte a tan hermoso demonio. Yago, desde hoy serás mi teniente.

YAGO.—Esclavo vuestro siempre.

ESCENA IV

Explanada delante del castillo

Salen DESDÉMONA, EMILIA *y* EL BUFÓN

DESDÉMONA.—Dime: ¿dónde está Casio?

BUFÓN.—No en parte alguna que yo sepa.

DESDÉMONA.—¿Por qué dices eso? ¿No sabes a lo menos cuál es su alojamiento?

BUFÓN.—Si os lo dijera, sería una mentira.

DESDÉMONA.—¿No me dirás algo con seriedad?

BUFÓN.—No sé cuál es su posada, y si yo la inventara

ahora, sería hospedarme yo mismo en el pecado mortal.

DESDÉMONA.—¿Podrás averiguarlo y adquirir noticias de él?

BUFÓN.—Preguntaré como un catequista, y os traeré las noticias que me dieren.

DESDÉMONA.—Vete a buscarle; dile que venga, porque ya he persuadido a mi esposo en favor suyo, y tengo por arreglado su negocio. (*Vase el bufón.*) Emilia, ¿dónde habré perdido aquel pañuelo?

EMILIA.—No lo sé, señora mía.

DESDÉMONA.—Créeme. Preferiría yo haber perdido un bolsillo lleno de ducados. A fe que si el moro no fuera de alma tan generosa y noble, incapaz de dar en la ceguera de los celos, bastaría esto para despertar sus sospechas.

EMILIA.—¿No es celoso?

DESDÉMONA.—El sol de su nativa Africa limpió su corazón de todas esas malas pasiones.

EMILIA.—Por allí viene.

DESDÉMONA.—No me separaré de él hasta que llegue Casio. (*Sale Otelo.*) ¿Cómo estás, Otelo?

OTELO.—Muy bien, esposa mía. (*Aparte.*) ¡Cuán difícil me parece el disimulo! ¿Cómo te va, Desdémona?

DESDÉMONA.— Bien, amado esposo.

OTELO.—Dame tu mano, amor mío. ¡Qué húmeda está!

DESDÉMONA.—No le quitan frescura ni la edad ni los pesares.

OTELO.—Es indicio de un alma apasionada. Es húmeda y ardiente. Requiere oración, largo ayuno, mucha penitencia y recogimiento para que el diablillo de la carne no se subleve. Mano tierna, franca y generosa.

DESDÉMONA.—Y tú puedes decirlo, pues con esa mano te di toda el alma.

OTELO.—¡Qué mano tan dadivosa! En otros tiempos

el alma hacía el regalo de la mano. Hoy es costumbre dar manos sin alma.

DESDÉMONA.—Nada de eso. ¿Te has olvidado de tu palabra?

OTELO.—¿Qué palabra?

DESDÉMONA.—He mandado llamar a Casio para que hable contigo.

OTELO.—Tengo un fuerte resfriado. Dame tu pañuelo.

DESDÉMONA.—Tómale, esposo mío.

OTELO.—El que yo te di.

DESDÉMONA.—No lo tengo aquí.

OTELO.—¿No?

DESDÉMONA.—No, por cierto.

OTELO.—Falta grave es ésa, porque aquel pañuelo se lo dió a mi madre una sabia hechicera, muy hábil en leer las voluntades de las gentes, y díjole que mientras lo conservase sería siempre suyo el amor de mi padre, pero si perdía el pañuelo su marido la aborrecería y buscaría otros amores. Al tiempo de su muerte me lo entregó, para que yo se lo regalase a mi esposa el día que llegara a casarme. Hícelo así, y repito que debes guardarlo bien y con tanto cariño como a las niñas de tus ojos, porque igual desdicha sería para ti perderlo que regalarlo.

DESDÉMONA.—¿Será verdad lo que cuentas?

OTELO.—Indudable. Hay en esos hilos oculta y maravillosa virtud, como que los tejió una sibila agitada de divina inspiración. Los gusanos que hilaron la seda eran asimismo divinos. Licor de momia y corazón de virgen sirvieron para el hechizo.

DESDÉMONA.—¿Dices verdad?

OTELO.—No lo dudes. Y haz por no perderlo.

DESDÉMONA.—¡Ojalá que nunca hubiera llegado a mis manos!

OTELO.—¿Por qué? ¿Qué ha sucedido?

DESDÉMONA.—¿Por qué hablas con tal aceleramiento?

OTELO.—¿Lo has perdido? ¿Dónde? Contéstame.

DESDÉMONA.—¡Favor del cielo!

OTELO.—¿Qué estás diciendo?

DESDÉMONA.—No lo perdí. Y si por casualidad lo hubiera perdido...

OTELO.—¿Perderle?

DESDÉMONA.—Te juro que no lo perdí.

OTELO.—Pues dámelo, para que yo lo vea.

DESDÉMONA.—Ahora mismo podría dártelo, pero no quiero hacerlo, porque tú no accedes a mis ruegos, ni vuelves su empleo a Casio.

OTELO.—Muéstrame el pañuelo. Mis sospechas crecen.

DESDÉMONA.—Hazme ese favor, Otelo. Nunca hallarás hombre más débil e inteligente.

OTELO.—¡El pañuelo!

DESDÉMONA.—Hablemos de Casio.

OTELO.—¡El pañuelo!

DESDÉMONA.—Casio, que en todo tiempo fué amigo y protegido tuyo, que a tu lado corrió tantas aventuras...

OTELO.—¡El pañuelo!

DESDÉMONA.—Grande es tu impaciencia.

OTELO.—¡Aparta! *(Se va.)*

EMILIA.—¿Estará celoso?

DESDÉMONA.—Es la primera vez que le veo así. Sin duda aquel pañuelo está encantado. ¡Cuánto siento haberlo perdido!

EMILIA.—No bastan un año ni dos para conocer el carácter de un hombre. Son abismos que a nosotras nos devoran, y cuando se hartan nos arrojan de sí. Aquí vienen mi marido y Casio. *(Salen Casio y Yago.)*

YAGO.—Ya no queda otro recurso. Ella es quien ha de hacerlo. Allí está. ¡Oh fortuna! Id a rogárselo.

DESDÉMONA.—¿Qué noticias traes, Casio?

CASIO.—Nada, sino mi antigua pretensión, señora. Deseo, merced a vuestra generosa intercesión, volver a la luz, a la vida, a la amistad del hombre a quien tanto respeto y agradecimiento debo. Sólo os suplico que intercedáis con mucha eficacia, y si mi culpa es tan grande que ni mis servicios pasados, ni mi infortunio presente, ni mis méritos futuros bastan a que sea perdonada, sépalo yo de cierto, y alegrándome, con forzada alegría, de saberlo, pediré limosna a la fortuna por otro camino.

DESDÉMONA.—¡Ay, buen señor Casio! Mis ruegos no suenan ya bien en los oídos de mi señor. Mi esposo no es el de antes. Si su rostro hubiera cambiado tanto como su índole, de fijo que yo no le conocería. Todos los santos me sean testigos de que le he suplicado en favor tuyo con cuanto empeño he podido, hasta incurrir en su indignación por mi atrevimiento y tenacidad. Es preciso dar tiempo al tiempo. Yo haré lo que pueda, y más que si se tratase de negocio mío.

YAGO.—¿Se enojó contra ti el general?

EMILIA.—Ahora acaba de irse de aquí con ceño muy torvo.

YAGO.—¿Será verdad? Grave será el motivo de su enojo, porque nunca le he visto inmutarse, ni siquiera cuando a su lado una bala de cañón mató a su hermano. Voy a buscar a Otelo. *(Vase.)*

DESDÉMONA.—Será sin duda algún negocio político, del gobierno de Venecia, o alguna conspiración de Chipre lo que ha turbado la calma de mi marido. Cuando los hombres, por cualquier motivo grave, se enojan, riñen hasta sobre las cosas más insignificantes. De la misma suerte, con un dedo que nos duela, todos los demás miembros se resienten. Los hombres no son dioses, ni tenemos derecho para pedirles siempre ternura. Bien haces, Emilia, en reprenderme mi falta de habilidad. Cuando ya bien a las claras mostraba su ánimo el enojo, yo misma soborné a los testigos, levantándole falso testimonio.

EMILIA.—Quiera Dios que sean negocios de estado,

como sospecháis, y no vanos recelos y sospechas infundadas.

DESDÉMONA.—¡Celos de mí! ¿Y por qué causa, si nunca le he dado motivo?

EMILIA.—No basta eso para convencer a un celoso. Los celos nunca son razonados. Son celos porque lo son: monstruo que se devora a sí mismo.

DESDÉMONA.—Quiera Dios que nunca tal monstruo se apodere del alma de Otelo.

EMILIA.—Así sea, señora mía.

DESDÉMONA.—Yo le buscaré. No te alejes mucho, amigo Casio. Y si él se presenta propicio, redoblaré mis instancias, hasta conseguir lo que deseas.

CASIO.—Humildemente os lo agradezco, reina. *(Vanse Emilia y Desdémona. Sale Blanca.)*

BLANCA.—Buenos días, amigo Casio.

CASIO.—¿Cómo has venido, hermosa Blanca? Bien venida seas siempre. Ahora mismo pensaba ir a tu casa.

BLANCA.—Y yo a tu posada, Casio amigo. ¡Una semana sin verme! ¡Siete días y siete noches! ¡Veinte veces ocho horas, más otras ocho! ¡Y horas más largas que las del reloj, para el alma enamorada! ¡Triste cuenta!

CASIO.—No te enojes, Blanca mía. La pena me ahogaba. En tiempo más propicio pagaré mi deuda. Hermosa Blanca, cópiame la labor de este pañuelo. *(Se lo da.)*

BLANCA.—Casio, ¿de dónde te ha venido este pañuelo? Sin duda de alguna nueva querida. Si antes lloré tu ausencia, ahora debo llorar más el motivo.

CASIO.—Calla, niña. Maldito sea el demonio que tales dudas te inspiró. Ya tienes celos y crees que es de alguna dama. Pues no es cierto, Blanca mía.

BLANCA.—¿De quién es?

CASIO.—Lo ignoro. En mi cuarto lo encontré, y porque me gustó la labor quiero que me la copies, antes que vengan a reclamármelo. Hazlo, bien mío, te lo suplico. Ahora vete.

BLANCA.—¿Y por qué he de irme?

CASIO.—Porque va a venir el general y no me parece bien que me encuentre con mujeres.

BLANCA.—¿Y por qué?

CASIO.—No porque yo no te adore.

BLANCA.—Porque no me amas. Acompáñame un poco. ¿Vendrás temprano esta noche?

CASIO.—Poco tiempo podré acompañarte, porque estoy de espera. Pero no tardaremos en vernos.

BLANCA.—Bien está. Es fuerza acomodarse al viento.

ACTO CUARTO

ESCENA PRIMERA

Plaza delante del castillo

Salen Otelo *y* Yago

Yago.—¿Qué pensáis?

Otelo.—¿Qué he de pensar, Yago?

Yago.—¿Qué os parece ese beso?

Otelo.—Beso ilícito.

Yago.—Puede ser sin malicia.

Otelo.—¿Sin malicia? Eso es hipocresía y querer engañar al demonio. Arrojarse a tales cosas sin malicia es querer tentar la omnipotencia divina.

Yago.—Con todo es pecado venial. Y si yo hubiera dado a mi mujer un pañuelo...

Otelo.—¿Qué?

Yago.—Señor, en dándosele yo, suyo es, y puede regalársele a quien quiera.

Otelo.—También es suyo mi honor, y sin embargo, no puede darle.

Yago.—El honor, general mío, es cosa invisible, y a veces le gasta más quien nunca le tuvo. Pero el pañuelo...

Otelo.—¡Por Dios vivo! Ya le hubiera yo olvidado. Una cosa que me dijiste anda revoloteando sobre mí como el grajo sobre techo infestado de pestilencia. Me dijiste que Casio había recibido ese pañuelo.

Yago.—¿Y qué importa?

Otelo.—Pues no me parece nada bien.

Yago.—¿Y si yo os dijera que presencié vuestro agravio, o a lo menos que le he oído contar, porque hay gen-

152

tes que apenas han logrado, a fuerza de importunidades, los favores de una dama, no paran hasta contarlo?

OTELO.—¿Y él ha dicho algo?

YAGO.—Sí, general mío. Pero tranquilizaos, porque todo lo desmentirá.

OTELO.—¿Y qué es lo que dijo?

YAGO.—Que estuvo con ella... No sé qué más dijo.

OTELO.—¿Con ella?

YAGO.—Sí, con ella.

OTELO.—¡Con ella! ¡Eso es vergonzoso, Yago! ¡El pañuelo..., confesión..., el pañuelo! ¡Confesión y horca! No, ahorcarle primero y confesarle después... Horror me da el pensarlo. Horribles presagios turban mi mente. Y no son vanas sombras, no... Oídos, labios... ¿Será verdad...? Confesión, pañuelo... *(Cae desmayado.)*

YAGO.—¡Sigue, sigue, eficaz veneno mío! Él mismo se va enredando incauta y desatentadamente. Así vienen a perder su fama las más castas matronas, sin culpa suya. ¡Levantaos, señor, levantaos! ¿Me oís, Otelo? ¿Qué sucede, Casio? *(A Casio que entra.)*

CASIO.—¿Qué ha pasado?

YAGO.—El general tiene un delirio convulsivo, lo mismo que ayer.

CASIO.—Frótale las sienes.

YAGO.—No, es mejor dejar que la naturaleza obre y el delirio pase, porque si no, empezará a echar espumarajos por la boca y caerá en un arrebato de locura. Ya empieza a moverse. Retírate un poco. Pronto volverá de su accidente. Después que se vaya, te diré una cosa muy importante. *(Se va Casio.)* General, ¿os duele aún la cabeza?

OTELO.—¿Te estás burlando de mí?

YAGO.—¿Burlarme yo? No lo quiera Dios. Pero quiero que resistáis con viril fortaleza vuestro infeliz destino.

OTELO.—Marido deshonrado, más que hombre, es una bestia, un monstruo.

Yago.—Pues muchas bestias y muchos monstruos debe de haber en el mundo.

Otelo.—¿Él lo dijo?

Yago.—Tened valor, general, pensando que casi todos los que van sujetos al yugo pueden tirar del mismo carro que vos. Infinitos maridos hay que, sin sospecha, descansan en tálamos profanados por el adulterio, aunque ellos se imaginan tener la posesión exclusiva. Mejor ha sido vuestra fortuna. Es gran regocijo para el demonio el ver honrado varón tener por casta a la consorte infiel. En cambio, al que todo lo sabe, fácil le es tomar venganza de su injuria.

Otelo.—Bien pensado, a fe mía.

Yago.—Acéchalos un rato y ten paciencia. Cuando más rendido estabais al peso de la tristeza, llegó a este aposento Casio. Yo le despedí, dando una explicación plausible de vuestro desmayo. Prometió venir luego a hablarme. Ocultaos y reparad bien sus gestos y la desdeñosa expresión de su semblante. Yo le haré contar otra vez el lugar, ocasión y modo con que triunfó de vuestra esposa. Reparad su semblante y tened paciencia, porque si no, diré que vuestra ira es loca e impropia de hombre racional.

Otelo.—¿Lo entiendes bien, Yago? Ahora, por muy breve tiempo, voy a hacer el papel de sufrido; luego, el de verdugo.

Yago.—Dices bien, pero no conviene que te precipites. Ahora escóndete. *(Se aleja Otelo.)* Para averiguar dónde está Casio lo mejor es preguntárselo a Blanca, una infeliz a quien Casio mantiene en cambio de su venal amor. Tal es el castigo de las rameras: engañar a muchos para ser al fin engañadas por uno solo. Siempre que le hablan de ella, se ríe estrepitosamente. Pero aquí viene el mismo Casio. *(Sale Casio.)* Su risa provocará la ira de Otelo. Toda la alegría y regocijo del pobre

Casio la interpretará con la triste luz de los celos. ¿Qué tal, teniente mío?

Casio.—Mal estoy cuando te oigo saludarme con el nombre de ese cargo, cuya pérdida tanto me afana.

Yago.—Insistid en vuestros ruegos y Desdémona lo conseguirá. *(En voz baja.)* Si de Blanca dependiera el conseguirlo, ya lo tendrías.

Casio.—¡Pobre Blanca!

Otelo.—*(A parte.)* ¡Qué risa la suya!

Yago.—Está locamente enamorada de ti.

Casio.—¡Ah, sí! ¡Pobrecita! Pienso que me ama de todas veras.

Otelo.—*(Aparte.)* Hace como quien lo niega y al mismo tiempo se ríe.

Yago.—Óyeme, Casio.

Otelo.—*(Aparte.)* Ahora le está importunando para que repita la narración. ¡Bien! ¡Cosa muy oportuna!

Yago.—¿Pues no dice que os casaréis con ella? ¿Pensáis en eso?

Casio.—¡Oh qué linda necedad!

Otelo.—*(A parte.)* ¿Triunfas, triunfas?

Casio.—¡Yo casarme con ella! ¿Yo con una perdida? No me creas capaz de semejante locura. ¡Ah, ah!

Otelo.—*(Aparte.)* ¡Cómo se ríe este truhán afortunado!

Yago.—Pues la gente dice que os vais a casar con ella.

Casio.—Dime la verdad entera.

Yago.—Que me emplumen si no la digo.

Otelo.—¿Conque me han engañado? Está bien.

Casio.—Ella misma es la que divulga esa necedad, pero yo no le he dado palabra alguna.

Otelo.—Yago me está haciendo señas. Ahora va a empezar la historia.

Casio.—Poco ha que la he visto: en todas parte me sigue. Días pasados estaba yo en la playa hablando con unos vecinos, cuando ella me sorprende y se arroja a mi cuello...

OTELO.—*(Aparte.)* Y te diría: "Hermoso Casio", o alguna cosa por el estilo.

CASIO.—Y me abrazaba llorando y se empeñaba en llevarme consigo.

OTELO.—Y ahora contará cómo le llevó a mi lecho. ¿Por qué, por qué estaré yo viendo la narices de ese infame y no el perro a quien he de arrojárselas?

CASIO.—Tengo que dejarla.

YAGO.—Mírala, allí viene.·

CASIO.—¡Y qué cargada de perfumes! *(Sale Blanca.)* ¿Por qué me persigues sin cesar?

BLANCA.—¡El diablo es quien te persigue! ¿Para qué me has dado hace poco este pañuelo? ¡Qué necia fuí en tomarle! ¿Querías que yo te copiase la labor? ¡Qué inocencia! Encontrarle en su cuarto y no saber quién le dejó. Será regalo de alguna querida, ¿y tenías empeño en que yo copiase la labor? Aquí te lo devuelvo; dásele, que no quiero copiar ningún dibujo de ella.

CASIO.—Pero, Blanca, ¿qué te pasa? Calla, calla.

OTELO.—¡Poder del cielo! ¿No es ése mi pañuelo?

BLANCA.—Vente conmigo si quieres cenar esta noche. Si no, ven cuando quieras. *(Vase.)*

YAGO.—Síguela.

CASIO.—Tengo que seguirla. Si no, alborotará a las gentes.

YAGO.—¿Y cenarás con ella?

CASIO.—Pienso que sí.

YAGO.—Allí os buscaré, porque tengo que hablaros.

CASIO.—¿Vendréis a cenar con nosotros?

YAGO.—Iré.

OTELO.—*(A Yago.)* ¿Qué muerte elegiré para él, Yago?

YAGO.—Ya visteis con qué algazara celebraba su delito.

OTELO.—¡Ay, Yago!

YAGO.—¿Visteis el pañuelo?

OTELO.—¡Era el mío!

YAGO.—El mismo. Y ya veis qué amor tiene a vuestra insensata mujer. Ella le regala su pañuelo y él se lo da a su querida.

OTELO.—Nueve años seguidos quisiera estar matándola. ¡Oh, qué divina y admirable mujer!

YAGO.—No os acordéis de eso.

OTELO.—Esta noche ha de bajar al infierno. No quiero que viva ni un día más. ¡Oh, qué hermosa mujer! No la hay igual en el mundo. Merecía ser esposa de un emperador que la obedeciese como siervo.

YAGO.—No os acordéis de eso.

OTELO.—¡Maldición sobre ella! Pero ¿quién negará su hermosura? ¡Y qué manos tan hábiles para la labor! ¡Qué voz para el canto! Es capaz de amansar las fieras. ¡Qué gracia, qué ingenio!

YAGO.—Eso le hace mil veces peor.

OTELO.—Sí, ¡mil veces peor! Y es, además, tan dulce, tan sumisa...

YAGO.—Demasiado blanda de condición.

OTELO.—Dices verdad. Pero a pesar de todo, amigo Yago, ¡qué dolor, qué dolor!

YAGO.—Si tan enamorado estáis de ella, a pesar de su alevosía, dejadla pecar a rienda suelta. Para vos es el mal: si os dais por contento, ¿a los demás qué nos importa?

OTELO.—Pedazos quiero hacerla. ¡Engañarme a mí!

YAGO.—¡Oh perversa mujer!

OTELO.—¡Enamorarse de mi teniente!

YAGO.—Eso es todavía peor.

OTELO.—Búscame un veneno, Yago, para esta misma noche. No quiero hablarle, no quiero que se disculpe, porque me vencerán sus hechizos. Para esta misma noche, Yago.

Yago.—No estoy por el veneno. Mejor es que la ahoguéis sobre el mismo lecho que ha profanado.

Otelo.—¡Admirable justicia! Lo encuentro muy bien.

Yago.—De Casio yo me encargo. Allá a las doce de la noche sabréis lo demás.

Otelo.—¡Admirable plan! Pero ¿qué trompeta es la que suena?

Yago.—Alguna embajada de Venecia enviada por el dux. Allí veo a Ludovico acompañado de vuestra mujer. (Salen Ludovico, Desdémona, etc.)

Ludovico.—General, os saludo respetuosamente.

Otelo.—Bien venido seáis.

Ludovico.—Os saludan el dux y senadores de Venecia. (Le da una carta.)

Desdémona.—¿Qué pasa en Venecia, primo mío Ludovico?

Yago.—Caballero, mucho me alegro de veros en Chipre.

Ludovico.—Gracias, hidalgo. ¿Y dónde está el teniente Casio?

Yago.—Vivo y sano.

Desdémona.—Entre él y mi marido ha habido ciertas disensiones, pero vos los pondréis en paz, de seguro.

Otelo.—¿Así lo crees?

Desdémona.—¿Qué dices, esposo mío?

Otelo.—(Leyendo.) "Es preciso cumplirlo sin demora."

Ludovico.—No os oye: está ocupado en la lectura. ¿Conque han reñido él y Casio?

Desdémona.—Sí, y no sé cuánto hubiera dado por hacer las paces entre ellos, porque tengo buena voluntad a Casio.

Otelo.—¡Rayos y centellas!

Desdémona.—¡Esposo mío!

Otelo.—¿Piensas lo que estás diciendo?

Desdémona.—¿Cómo? ¿Estás furioso?

Ludovico.—Puede ser que le haya hecho mal efecto la carta, porque, si no me equivoco, se le manda en ella volver a Venecia, dejando en el gobierno a Casio.

Desdémona.—Mucho me alegro.

Otelo.—¿Te alegras?

Desdémona.—¡Esposo mío!

Otelo.—Pláceme verte loca.

Desdémona.—¿Qué dices, esposo mío?

Otelo.—¡Aparta, demonio!

Desdémona.—¿Tal he merecido?

Ludovico.—Ni con juramento lo creería nadie en Venecia. ¡Qué ultraje tan brutal! ¿No veis cómo está llorando?

Otelo.—¡Víbora! Si el llanto de las mujeres pudiera fecundar la tierra, de cada gota nacería un cocodrilo. ¡Lejos, lejos de aquí!

Desdémona.—Me iré por no verte enojado.

Ludovico.—¡Qué humildad y modestia! Compadeceos de ella, señor gobernador. Volved a llamarla.

Otelo.—Venid aquí, señora

Desdémona.—¿Qué me queréis, esposo mío?

Otelo.—¿Qué le queréis vos?

Ludovico.—Nada, señor.

Otelo.—Sí. ¿Qué le queréis? ¿No me decíais que la llamase? Sí, sí, ella volverá y llorará, porque sabe llorar, caballero, sabe llorar, y es muy humilde, muy sumisa, como antes decíais. Llora más. Esta carta me manda volver... ¡Oh perfidia astuta! Me mandan volver. Retírate. Luego nos veremos. Obedezco. Volveré a Venecia. ¡Lejos, lejos de aquí, Desdémona! *(Se va Desdémona.)* Casio me ha de suceder. Esta noche venid a cenar conmigo. Bien venido seáis a Chipre. *(Aparte.)* ¡Monos lascivos, esposos sufridos! *(Se va.)*

Ludovico.—¿Y éste es aquel moro de quien tantas ponderaciones oí en el senado? ¿Éste el del alma severa, firme e imperturbable contra los golpes de la suerte o los furores de la pasión?

Yago.—Parece otro.

Ludovico.—¿Estará sano? ¿Habrá perdido la cabeza?

Yago.—Es lo que es. No está bien que yo os diga más. ¡Ojalá que volviera a ser lo que ha sido!

Ludovico.—¿Cómo podrá haberse arrebatado hasta el extremo de golpear a su mujer?

Yago.—Mal ha hecho, pero ojalá sea el último ese golpe.

Ludovico.—¿Es costumbre suya o efecto de la lectura de la carta?

Yago.—¡Cuánto lo deploro! Pero estaría mal en mí el descubriros lo que sé. Vos mismo lo iréis viendo y en sus actos lo descubriréis, de tal modo que nada os quede que saber ni que preguntarme.

Ludovico.—Yo le creía de muy diverso carácter. ¡Qué lástima!

ESCENA II

Sala del castillo

Otelo y Emilia

Otelo.—¿Nada has visto?

Emilia.—Ni oído ni sospechado.

Otelo.—Pero a Casio y a ella los has visto juntos.

Emilia.—Pero nada sospechoso he advertido entre ellos, y eso que ni una sola de sus palabras se me ha escapado.

Otelo.—¿Nunca han hablado en secreto?

Emilia.—Jamás, señor.

Otelo.—¿Nunca te mandaron salir?

Emilia.—Nunca.

Otelo.—¿Nunca te ha enviado a buscar los guantes o el velo o cualquier otra cosa?

EMILIA.—Jamás.

OTELO.—Rara cosa.

EMILIA.—Me atrevería a jurar que es fiel y casta. Desterrad de vuestro ánimo toda sospecha contra ella. Maldito sea el infame que os la haya infundido. Caiga sobre él el anatema de la serpiente. Si ella no es mujer de bien, imposible es que haya mujer honrada ni esposo feliz.

OTELO.—Llámala. Dile que venga pronto. *(Vase Emilia.)* Ella habla claro, pero si fuera confidente de sus amores, ¿no diría lo mismo? Es moza ladina y quizá oculta mil horribles secretos. Y sin embargo, yo la he visto arrodillada y rezando. *(Salen Desdémona y Emilia.)*

DESDÉMONA.—¿Qué mandáis, señor?

OTELO.—Ven, amada mía.

DESDÉMONA.—¿Qué me queréis?

OTELO.—Verte los ojos. Mírame a la cara.

DESDÉMONA.—¿Qué horrible sospecha...?

OTELO.—*(A Emilia.)* Aléjate, déjanos solos y cierra la puerta. Si alguien se acerca, haznos señal tosiendo. Mucha cautela. Vete. *(Se va Emilia.)*

DESDÉMONA.—Te lo suplico de rodillas. ¿Qué pensamientos son los tuyos? No te entiendo, pero pareces loco furioso.

OTELO.—¿Y tú qué eres?

DESDÉMONA.—Tu fiel esposa.

OTELO.—Si lo juras, te condenas eternamente, aunque puede que el demonio, al ver tu rostro de ángel, dude en apoderarse de ti. Vuelve, vuelve a condenarte: júrame que eres mujer de bien.

DESDÉMONA.—Dios lo sabe.

OTELO.—Dios sabe que eres falsa como el infierno.

DESDÉMONA.—¿Falsa yo? ¿Con quién? ¿Por qué, esposo mío? ¿Yo falsa?

OTELO.—¡Lejos de aquí, Desdémona!

DESDÉMONA.—¡Día infausto! ¿Por qué lloras, amado

mío? ¿Soy yo la causa de tus lágrimas? No me eches la culpa de haber perdido tu empleo, quizá por odio de mi padre. Lo que tú pierdes, lo pierdo yo también.

OTELO.—¡Ojalá que el cielo agotara sobre mi fortaleza todas las calamidades! ¡Ojalá que vertiese sobre mi frente dolores y vergüenzas sin número y me sepultara en el abismo de toda miseria o me encerrara en cautiverio fierísimo y sin esperanza! Todavía encontraría yo en algún rincón de mi alma una gota de paciencia. ¡Pero convertirme en espantajo vil para que el vulgo se mofe de mí y me señale con el dedo! ¡Y aún esto podría yo sufrirlo! Pero encontrar cegada y seca para siempre la que juzgué fuente inagotable de vida y de afectos, o verla convertida en sucio pantano, morada de viles renacuajos, nido de infectos amores, ¿quién lo resistirá? ¡Ángel de labios rojos!, ¿por qué me muestras ceñudo como el infierno tu rostro?

DESDÉMONA.—Creo que me tiene por fiel y honrada mi esposo.

OTELO.—Fiel como las moscas que en verano revolotean por una carnicería. ¡Ojalá nunca hubieras brotado, planta hermosísima y envenenadora del sentido!

DESDÉMONA.—Pero ¿qué delito es el mío?

OTELO.—¿Por qué en tan bello libro, en tan blancas hojas, sólo se puede leer esta palabra: ramera? ¿Qué delito es el tuyo, me preguntas? Infame cortesana, si yo me atreviera a contar tus lascivas hazañas, el rubor subiría a mis mejillas y volaría en cenizas mi modestia. ¿Qué delito es el tuyo? El mismo Sol, la misma Luna se escandalizan de él, y hasta el viento que besa cuanto toca se esconde en los más profundos senos de la tierra por no oírlo. ¿Cuál es tu delito? ¡Infame meretriz!

DESDÉMONA.—¿Por qué me ofendes así?

OTELO.—Pues qué, ¿no eres mujer ramera?

DESDÉMONA.—No: te lo juro como soy cristiana. Yo

me he conservado tan pura e intacta como el vaso que sólo tocan los labios del dueño.

Otelo.—¿No eres infiel?

Desdémona.—No: así Dios me salve.

Otelo.—¿De veras lo dices?

Desdémona.—¡Piedad, Dios mío!

Otelo.—Perdonadme, señora, os confundí con aquella astuta veneciana que fué esposa de Otelo. *(Levantando la voz.)* Tú que enfrente de San Pedro guardas la puerta del infierno... *(Sale Emilia.)* Contigo hablaba. Ya está arreglado todo. Recoge tu dinero, cierra la puerta y nada digas. *(Se va Otelo.)*

Emilia.—¿Qué sospecha atormenta a vuestro marido? ¿Qué os sucede, señora?

Desdémona.—Me parece que estoy soñando.

Emilia.—Señora, ¿qué le sucede a mi señor? Decídmelo.

Desdémona.—¿Y quién es tu señor?

Emilia.—El vuestro, el moro.

Desdémona.—Ya no lo es, Emilia, no hablemos más. No puedo llorar, ni hablar sin llorar. Esta noche ataviarás mi lecho con las galas nupciales. Di a Yago que venga.

Emilia.—¡Qué alteración es ésta! *(Se va.)*

Desdémona.—¿Será justo lo que hace conmigo? ¿Habré andado alguna vez poco recatada, dando ocasión a sus sospechas? *(Salen Emilia y Yago.)*

Yago.—¿Me llamabais? ¿Estáis sola, señora?

Desdémona.—No lo sé. El que reprende a un niño debe hacerlo con halago y apacible manera, y yo soy como un niño.

Yago.—¿Pues qué ha sido, señora mía?

Emilia.—¡Ay, Yago! El moro la ha insultado, llamándole ramera y otros vocablos groseros y viles, intolerables para todo pecho bien nacido.

Desdémona.—¿Y yo merecía eso?

Yago.—¿Qué, señora mía?

Desdémona.—Lo que él me ha dicho.

Yago.—¡Llamarla ramera! No dijera tal un pícaro en la taberna, hablando de su querida.

Emilia.—¿Y todo por qué?

Desdémona.—Lo ignoro. Pero yo no soy lo que él ha dicho.

Yago.—Serenaos, por Dios. No lloréis. ¡Día infeliz!

Emilia.—¡Para eso ha dejado su patria y a su padre y tantos ventajosos casamientos! ¡Para que le llamen ramera! Ira me da el pensarlo.

Desdémona.—Ésa es mi desdicha.

Yago.—¡Ira de Dios caiga sobre él! ¿Quién le habrá infundido tan necios recelos?

Desdémona.—Dios lo sabe, Yago.

Emilia.—Maldita sea yo si no es algún malsín calumniador, algún vil lisonjero quien ha tramado esta maraña para conseguir de él algún empleo. Ahorcada me vea yo si no acierto.

Yago.—No hay hombre tan malvado. Dices un absurdo. Cállate.

Desdémona.—Y si lo hay, Dios le perdone.

Emilia.—¡Perdónele la cuchilla del verdugo! ¡Roa Satanás sus huesos! ¡Llamarle ramera! ¿Con qué gentes ha tratado? ¿Qué sospecha, aun la más leve, ha dado? ¿Quién será el traidor bellaco que ha engañado al moro? ¡Dios mío!, ¿por qué no arrancas la máscara a tanto infame? ¿Por qué no pones un látigo en la mano de cada hombre honrado, para que a pencazos batanee las desnudas espaldas de esa gavilla sin ley, y los persiga hasta los confines del orbe?

Yago.—No grites tanto.

Emilia.—¡Infames! De esa laya sería el que una vez dió celos, fingiendo que yo tenía amores con el moro.

Yago.—¿Estás en tu juicio? Cállate.

Desdémona.—Yago, amigo Yago, ¿qué haré para templar la indignación de Otelo? Dímelo tú. Te juro por el sol que nos alumbra que nunca ofendí a mi marido, ni aun de pensamiento. De rodillas te lo digo: huya de mí todo consuelo y alegría si alguna vez le he faltado en idea, palabra u obra, si mis sentidos han encontrado placer en algo que no fuera Otelo, si no le he querido siempre como ahora le quiero, como le seguiré queriendo, aunque con ingratitud me arroje lejos de sí. Ni la pérdida de su amor, aunque baste a quitarme la vida, bastará a despojarme del afecto que le tengo. Hasta la palabra adúltera me causa horror, y ni por todos los tesoros y grandezas del mundo cometería yo tal pecado.

Yago.—Calma, señora; el moro es de carácter violento y además está agriado por los negocios políticos, y descarga en vos el peso de sus iras.

Desdémona.—¡Ojalá que así fuera! Pero mi temor es...

Yago.—Pues la causa no es otra que la que os he dicho. Podéis creerlo. (*Tocan las trompetas.*) ¿Oís? Ha llegado la hora del festín. Ya estarán aguardando los enviados de Venecia. No os presentéis llorando, que todo se remediará. (*Vanse Emilia y Desdémona. Sale Rodrigo.*) ¿Qué pasa, Rodrigo?

Rodrigo.—Pienso que no procedes de buena fe conmigo.

Yago.—¿Y por qué?

Rodrigo.—No hay día que no me engañes, y más parece que dificultas el éxito de mis planes que no que le allanas; y a fe mía que ya no tengo paciencia ni sufriré más, porque fuera ser necio.

Yago.—¿Me oyes, Rodrigo?

Rodrigo.—Demasiado te he oído, porque tienes tan buenas palabras como malas obras.

Yago.—Ese cargo es muy injusto.

Rodrigo.—Razón me sobra. He gastado cuanto tenía. Con las joyas que he regalado a Desdémona bastaba para haber conquistado a una sacerdotisa de Vesta. Tú me has dicho que las ha recibido de buen talante: tú me has dado todo género de esperanzas, prometiéndome su amor muy en breve. Todo inútil

YAGO.—Bien está, muy bien; prosigue.

RODRIGO.—¡Que está muy bien dices! Pues no quiero proseguir. Nada está bien, sino todo malditamente, y empiezo a conocer que he sido un insensato y un majadero.

YAGO.—Está bien.

RODRIGO.—Repito que está muy mal. Voy a ver por mí mismo a Desdémona y, con tal que me vuelva mis joyas, renunciaré a todo amor y a toda loca esperanza. Y si no me las vuelve, me vengaré de ti.

YAGO.—¿Y eso es todo lo que te ocurre?

RODRIGO.—Sí, y todas mis palabras las haré buenas con mis obras.

YAGO.—Veo que eres valiente, y desde ahora te estimo más que antes. Dame la mano, Rodrigo. Aunque no me agradan tus sospechas, algún fundamento tienen, pero yo soy inocente del todo.

RODRIGO.—Pues no lo pareces.

YAGO.—Así es en efecto, y lo que has pensado no deja de tener agudeza y discreción. Pero si tienes, como has dicho ahora, y ya lo voy creyendo, corazón y bríos y mano fuerte, esta noche puedes probarlo, y si mañana no logras la posesión de Desdémona, consentiré que me mates, aunque sea a traición.

RODRIGO.—¿Lo que me propones es fácil o a lo menos posible?

YAGO.—Esta noche se han recibido órdenes del senado, para que Otelo deje el gobierno, sustituyéndole Casio.

RODRIGO.—Entonces Otelo y Desdémona se irán juntos a Venecia.

YAGO.—No; él irá a Levante, llevando consigo a su

mujer, si algún acontecimiento imprevisto no lo impide; es decir, si Casio no desaparece de la escena.

RODRIGO.—¿Qué quieres decir con eso?

YAGO.—Que convendría quitarle de en medio.

RODRIGO.—¿Y he de ser yo quien le mate?

YAGO.—Tú debes ser, si quieres conseguir tu objeto y satisfacer tu venganza. Casio cena esta noche con su querida y conmigo. Todavía no sabe nada de su nombramiento. Espérale a la puerta: yo haré que salga a eso de las doce de la noche y te ayudaré a matarle. Sígueme: no te quedes embobado. Yo te probaré clarísimamente la necesidad de matarle. Ya es hora de cenar. No te descuides.

RODRIGO.—Dame alguna razón más que me convenza.

YAGO.—Ya te la daré. *(Vase.)*

ESCENA III

Sala del castillo

OTELO, LUDOVICO, DESDÉMONA y EMILIA

LUDOVICO.—Señor, no os molestéis en acompañarme.

OTELO.—No; me place andar en vuestra compañía.

LUDOVICO.—Adiós, señora. Os doy muy cumplidas gracias.

OTELO.—Y yo me felicito de vuestra venida.

LUDOVICO.—¿Vamos, caballero? ¡Oh!, aquí está Desdémona.

DESDÉMONA.—¡Esposo mío!

OTELO.—Retírate pronto a acostar. No tardaré en volver. Despide a la criada y obedéceme.

DESDÉMONA.—Así lo haré, esposo mío. *(Vanse todos menos Emilia y Desdémona.)*

EMILIA.—¿Qué tal? ¿Se ha amansado en algo el mal humor de tu marido?

DESDÉMONA.—Me prometió volver pronto y me mandó que me acostase, despediéndome en seguida.

EMILIA.—¿Y por qué dejarte sola?

DESDÉMONA.—Él lo mandó y sólo me toca obedecer, y no resistirme en nada. Dame la ropa de noche y aléjate.

EMILIA.—¡Ojalá no le hubieras conocido nunca!

DESDÉMONA.—Nunca diré yo eso. Le amo con tal extremo que hasta sus celos y sus furores me encantan. Desátame las cintas.

EMILIA.—Ya está; ¿adorno vuestro lecho con las rosas nupciales, como me dijisteis?

DESDÉMONA.—Lo mismo da. ¡Qué fáciles somos en cambiar de pensamientos! Si muero antes que tú, amortájame con esas ropas.

EMILIA.—¡Pensar ahora en morirte! ¡Qué absurdo!

DESDÉMONA.—Bárbara se llamaba una doncella de mi madre. Su amante la abandonó y ella solía entonar una vieja canción del sauce, que expresaba muy bien su desconsuelo. Todavía la cantaba al tiempo de morir. Esta noche me persigue el recuerdo de aquella canción, y al repetirla siento la misma tristeza que Bárbara sentía. No te detengas... ¡Es agradable Ludovico!

EMILIA.—Mozo gallardo.

DESDÉMONA.—Y muy discreto en sus palabras.

EMILIA.—Dama veneciana hay que iría de buen grado en romería a Tierra Santa sólo por conquistar un beso de Ludovico.

DESDÉMONA.—(Canta.)

Llora la niña al pie del sicomoro.
Cantad al sauce: cantad su verdor.
Con la cabeza en la rodilla y la
mano en el pecho, llora la infeliz.
Cantad al fúnebre y lloroso sauce.
La fuente corría repitiendo sus
quejas. Cantad al sauce y su verdor.

Hasta las piedras, de oírla.
se movían a compasión.

Recoge esto.

Cantad al sauce, cantad su verdor.

Vete, que él volverá muy pronto. *(Canta.)*

Tejed esa guirnalda de verde sauce.

No os quejéis de él, pues su desdén fué justo.

No, no es así el cantar. Alguien llama.

EMILIA.—Es el viento.

DESDÉMONA.—*(Canta.)*

Yo me quejé de su inconstancia,
y él ¿qué me respondió?
Cantad al sauce, cantad su verdor.
Si yo me miro en la luz de otros ojos,
busca tú otro amante.

Buenas noches. Los ojos me pican. ¿Será anuncio de lágrimas?

EMILIA.—No es anuncio de nada.

DESDÉMONA.—Siempre lo he oído decir. ¡Qué hombres! ¿Crees, Emilia, que existen mujeres que engañen a sus maridos de tan ruin manera?

EMILIA.—Ya lo creo que existen.

DESDÉMONA.—¿Lo harías tú, Emilia, aunque te diesen todos los tesoros del mundo?

EMILIA.—¿Y tú qué harías?

DESDÉMONA.—Nunca lo haría; te lo juro por esa luz.

EMILIA.—Yo no lo haría por esa luz, pero quizá lo haría a oscuras.

DESDÉMONA.—¿Lo harías si te dieran el mundo entero?

EMILIA.—Grande es el mundo, y comparado con él parece pequeño ese delito.

DESDÉMONA.—Yo creo que no lo harías.

EMILIA.—Sí que lo haría, para deshacerlo después. No lo haría por un collar, ni por una sortija, ni por un manto, pero si me daban el mundo y podía yo hacer rey a mi marido, ¿cómo había de dudar?

DESDÉMONA.—Pues yo, ni por todo el mundo haría tal ofensa a mi marido.

EMILIA.—Es que el mundo no lo juzgaría ofensa, y, si os daban el mundo, como la ofensa era en vuestro mundo, fácil era convertirla en bien.

DESDÉMONA.—Pues yo no creo que haya tales mujeres.

EMILIA.—Más de una y más de veinte: tantas, que bastarían para llenar un mundo. Pero la culpa es de los maridos. Si ellos van a prodigar con otras el amor que es nuestro, o nos encierran en casa por ridículos celos, o nos golpean, o gastan malamente nuestra hacienda, ¿no hemos de enfurecernos también? Cierto que somos benignas de condición, pero capaces de ira. Y sepan los maridos que las mujeres tiene sentidos lo mismo que ellos, y ven, y tocan, y saborean, y saben distinguir lo dulce de lo amargo. Cuando ellos abandonan a su mujer por otra, ¿qué es lo que buscan sino el placer? ¿Qué los domina sino la pasión? ¿Qué los vence sino la flaqueza? ¿Nosotras no tenemos también apetitos, pasiones y flaquezas? Conforme nos traten, así seremos.

DESDÉMONA.—Adiós. El Señor me ampare, y haga que el mal trato de mi marido produzca en mí virtudes y no vicios.

ACTO QUINTO

ESCENA PRIMERA

Calle

Yago y Rodrigo

Yago.—Escóndete, que ahora viene; en cuanto aparezca, desenvaina la espada y ¡a él sin miedo! Yo te guardaré las espaldas. Es cuestión de vida o muerte. Decídete, pues, y ten resolución.

Rodrigo.—No te alejes, por si me sale mal mi intento.

Yago.—Estaré detrás de ti. En guardia. *(Se va.)*

Rodrigo.—Del resultado no tengo confianza, y sin embargo las razones que me da me convencen. Que muera una, ¿qué importa? *(Se retira.)*

Yago.—Tanto me he burlado de ese necio que ya empieza a conocerlo. Mate él a Casio, mátele Casio a él o mueran los dos, siempre saldré ganando. Si Rodrigo escapa, comenzará a pedirme el dinero y las joyas que le he sacado, so pretexto de seducir a Desdémona. Y si se salva Casio, su presencia será un perpetuo acusador contra mí, y además el moro podrá referir a Casio lo que ha pasado entre nosotros y ponerme en grave peligro. Muera pues. Le siento llegar. *(Sale Casio.)*

Rodrigo.—Él es. Le conozco. ¡Muere, traidor! *(Le da una estocada.)*

Casio.—La vida me hubiera costado esta estocada, a no traer el jubón tan bien aforrado. Veamos cómo está el tuyo. *(Hiere a Rodrigo.)*

Rodrigo.—¡Confesión! ¡Muerto soy! *(Yago hiere en las piernas a Casio y huye luego.)*

171

Casio.—¡Me han dejado cojo para siempre! ¡Asesino! ¡Favor! *(Sale Otelo.)*

Otelo.—Voz es de Casio. Yayo ha cumplido bien su palabra.

Rodrigo.—¡Qué infame he sido!

Otelo.—Sí, él es, no hay duda.

Casio.—¡Favor! ¡Luces! ¡Un cirujano!

Otelo.—Es Casio, es Casio. ¡Oh valeroso Yago, que has sentido como propia la afrenta de un amigo; tú me muestras el camino de la venganza! ¡Adúltera mujer! Ya ha sucumbido tu amante y se cerca tu última hora. Voy a buscarte, borrando de mi corazón hasta el último recuerdo de tus hechizos y de la luz de tus ojos. Sangre de tu torpe corazón ha de purificar nuestro lecho, mancillado por ti. *(Se va. Salen Ludovico y Graciano.)*

Casio.—¿Dónde está la ronda? ¿Nadie acude? ¡Favor! ¿Por qué no prendéis al asesino?

Graciano.—¡Oh qué desgracia! ¡Qué espanto causan en mí esas voces!

Casio.—¡Ayuda!

Ludovico.—¡Silencio!

Rodrigo.—¡Infame!

Ludovico.—Oigo los gemidos de dos, o tres personas. ¿Será alguna zalagarda? Procedamos con cautela. ¿Quién se arroja a darles auxilio sin la ronda?

Rodrigo.—Socorredme, que me desangro.

Ludovico.—¿No lo oyes? *(Sale Yago muy ligero de ropa, con una luz.)*

Graciano.—Ahí viene un hombre medio desnudo, con armas y luz.

Yago.—¿Quién es? ¿Quién grita asesino?

Ludovico.—No lo sabemos.

Yago.—¿No habéis oído voces?

Casio.—¡Favor de Dios! ¡Por aquí, por aquí!

Yago.—¿Qué sucede?

GRACIANO.—Si no me equivoco, es la voz del alférez de Otelo.

LUDOVICO.—No tiene duda. Y es Valentín tu mancebo.

YAGO.—¿Quién eres tú que tan amargamente te quejas?

CASIO.—Yago, me han acometido unos asesinos, dadme favor.

YAGO.—¡Dios mío! ¡Mi teniente! ¿Quién os ha puesto de esa manera?

CASIO.—Uno de ellos está herido cerca de mí, y no puede huir.

YAGO.—¡Villanos, alevosos! ¿Quién sois? ¡Favor, ayuda!

RODRIGO.—¡Favor, Dios mío!

CASIO.—Uno de ellos es aquél.

YAGO.—¡Traidor, asesino! *(Saca el puñal y hiere a Rodrigo.)*

RODRIGO.—¡Maldito Yago! ¡Perro infernal!

YAGO.—¡Asaltarle de noche y a traición! ¡Bandidos! ¡Qué silencio, qué soledad! ¡Muerte! ¡Socorro! ¿Y vosotros veníais de paz o en son de combate?

LUDOVICO.—Por nuestros hechos podéis conocerlo.

YAGO.—¡Ilustre Ludovico!

LUDOVICO.—El mismo soy.

YAGO.—Perdón os pido. Aquí yace Casio a manos de traidores.

GRACIANO.—¡Casio!

YAGO.—¿Qué tal, hermano?

CASIO.—Tengo herida la pierna.

YAGO.—¡No lo quiera Dios! ¡Luz, luz! Yo vendaré las heridas con mi ropa. *(Sale Blanca.)*

BLANCA.—¿Qué pasa? ¿Qué voces son ésas?

YAGO.—¿De quién son las voces?

BLANCA.—¡Casio, mi amado Casio, mi dulce Casio!

YAGO.—¡Ramera vil! Amigo Casio, ¿y ni aun sospecháis quién pudo ser el agresor?

Casio.—Lo ignoro.

Graciano.—¡Cuánto me duele veros así! Venía a buscaros.

Yago.—¡Dadme una venda! ¡Oh, si yo tuviera una silla de manos para llevarle a casa!

Blanca.—¡Ay, que pierde el sentido! ¡Casio, mi dulce Casio!

Yago.—Amigos míos, yo tengo mis recelos de que esta joven tiene parte no escasa en el delito. Esperad un momento. Que traigan luces, a ver si podemos reconocer al muerto. ¡Amigo y paisano mío, Rodrigo! ¡No, no es! Sí, sí, ¡Rodrigo! ¡Qué suceso más extraño!

Graciano.—¿Rodrigo el de Venecia?

Yago.—El mismo, caballero. ¿Le conocíais vos?

Graciano.—Ya lo creo que le conocía.

Yago.—¡Amigo Graciano!, perdonadme. Con este lance estoy tan turbado que no sé lo que me sucede.

Graciano.—Mucho me place el veros.

Yago.—¿Cómo os sentís, Casio? ¡Que traigan una silla de manos!

Graciano.—¡Rodrigo!

Yago.—No cabe duda que él es. Lo deploro. Venga la litera. Llevadle despacio a casa de alguna persona caritativa. Me iré a llamar al médico de Otelo. No tengáis cuidado, señora. El desdichado que ahí yace muerto fué amigo mío. ¿Cuál sería la causa de la pendencia?

Casio.—Ciertamente que no lo sé. Ni siquiera le conozco.

Yago.—(A Blanca.) ¿Perdéis el color? Retirad el cadáver. No me abandonéis, caballeros. Mucho palidecéis, señora mía. ¿No véis qué asustada y sin sosiego está? Creo que ella podría decirnos algo. Miradla, miradla despacio. ¿No lo advertís, caballeros? La lengua calla, pero la conciencia habla a gritos. (Sale Emilia.)

Emilia.—¿Qué pasa? ¡Ay, esposo mío!

YAGO.—A traición han acometido a Rodrigo. Algunos se han escapado. Él queda muerto y Casio herido.

EMILIA.—¡Infeliz Casio! ¡Pobre caballero!

YAGO.—¡Fruto natural de la vida que él traía! Vete, Emilia, y pregunta a Casio dónde cenó esta noche. (*A Blanca.*) ¿Por qué tembláis, señora?

BLANCA.—En mi casa cenó, pero no tiemblo por eso.

YAGO.—¿Conque en tu casa? Pues ven conmigo.

EMILIA.—¡Mala mujer, ramera!

BLANCA.—Soy tan honrada como vos. No me insultéis.

EMILIA.—¡Tan honrada como yo! ¡Perdida!

YAGO.—Vamos a cuidar de Casio, amigos míos. Señora, venid, que pronto hablaréis de otra manera. Emilia, vete a toda prisa al castillo, refiéreselo todo al moro y a Desdémona. Venid conmigo. (*Aparte.*) Esta noche será la de mi felicidad o la de mi ruina. (*Se van.*)

ESCENA II

Alcoba en el castillo

DESDÉMONA *dormida. A su lado una luz. Sale* OTELO

OTELO.—Con razón lo hago, con razón, ¡alma mía! No os lo quiero contar, castas estrellas. Tampoco quiero derramar la sangre de ella, ni ajar su cutis más blanco que la nieve y más tierno que el mármol sepulcral. Y con todo eso, tengo que matarla, para que no engañe a otros hombres. Apagaré esta luz... y luego aquélla. Si apago esta luz y luego me arrepiento, puedo volver a encenderla, pero si te apago a ti, luz clarísima, primor y ejemplar de la naturaleza, ¿dónde hallaré el fuego de Prometeo para volver a darte la vida? Si arranco la flor de su tallo, ¿cómo he de restituirle su frescor y lozanía? Necesario es que se marchite. Quiero respirar por la última vez su delicioso aroma. *(La besa.)* ¡Oh regalado aliento de su boca, casi bastas para arrancar el hierro de la mano de la justicia! Otro beso y nada más. ¡Quédate así cuando yo te mate: que muerta y todo te he de amar! Otro beso, el último. Nunca lo hubo más delicioso ni más fatal: lloremos. Mi llanto es feroz y mi ira es como la de Dios, que hiere donde más ama. Ahora se despierta.

DESDÉMONA.—¿Eres tú, Otelo?

OTELO.—Yo soy. Desdémona.

DESDÉMONA.—Esposo mío, ¿quieres descansar?

OTELO.—¿Has rezado esta noche, Desdémona?

DESDÉMONA.—Sí.

OTELO.—Pues pide a Dios perdón si te acuerdas de algún crimen que Dios no te haya perdonado todavía.

DESDÉMONA.—¡Dios mío! ¿Qué me quieres decir, esposo?

OTELO.—Hazlo, y pronto. Yo me alejaré entre tanto. No quiero que mueras sin confesión. No quiero condenar tu alma.

DESDÉMONA.—¿Qué? ¿Quieres matarme?

OTELO.—Sí, por cierto.

DESDÉMONA.—¡Perdón, Dios mío!

OTELO.—¡Así sea! Dilo con todas las fuerzas de tu alma.

DESDÉMONA.—Tú que así hablas no puedes matarme.

OTELO.—¿Qué?

DESDÉMONA.—Con todo eso, te tiemblo. Tu mirada me aterra. Y no sé por qué es mi temor, pues de ningún crimen me reconozco culpable. Y sin embargo, tiemblo.

OTELO.—Acuérdate de tus pecados.

DESDÉMONA.—Será el amor que te profeso.

OTELO.—Por ese amor te mato.

DESDÉMONA.—¿Matarme porque te amo? ¡Oh indigna muerte! ¿Por qué te muerdes los labios? ¡Ciega pasión te descamina! Agüeros son de mal suceso; pero yo espero que no me amenazan a mí.

OTELO.—¡Calla, calla!

DESDÉMONA.—Sí callaré, pero ¿qué pasa?

OTELO.—¿Tú diste a Casio aquel pañuelo, regalo mío y que yo tanto apreciaba?

DESDÉMONA.—¡No, te lo juro por mi vida! Pregúntaselo a él.

OTELO.—No jures en falso, amada mía, que ya estás en el tálamo de la muerte.

DESDÉMONA.—¿Tan pronto?

OTELO.—En seguida. Confiesa, pues, tus culpas, una por una, que aunque las niegues con los más firmes juramentos no has de disminuir un ápice mi firme convicción. De todas formas morirás.

DESDÉMONA.—Entonces, Dios tenga compasión de mí.

OTELO.—Así sea.

DESDÉMONA.—Y tenla tú también. Jamás te falté, ni aun de pensamiento. Nunca puse mi corazón en Casio ni le di prenda alguna de amor. Quísele sólo con la amistad que Dios aprueba.

OTELO.—¡Dios mío! ¡Y yo que he visto el pañuelo en sus manos! ¡Tú quieres volverme loco, y hacer que trueque en asesinato lo que quiero que sea sacrificio! Yo he visto el pañuelo.

DESDÉMONA.—Él lo encontró en el suelo. Yo no se lo di. Que él venga y nos aclare la verdad.

OTELO.—Ya lo ha confesado.

DESDÉMONA.—¿Y qué confesó?

OTELO.—Que alcanzó favores tuyos.

DESDÉMONA.—¿Ilícitos?

OTELO.—Sí.

DESDÉMONA.—Falso. No lo repetiría delante de mí.

OTELO.—No, porque Yago le ha cerrado la boca.

DESDÉMONA.—¡Ah! Tiemblo. ¿Casio ha muerto?

OTELO.—¡Ojalá hubiera tenido tantas vidas como cabellos, para que mi venganza las hubiera devorado una por una!

DESDÉMONA.—¡Calumnia, calumnia atroz que nos ha perdido!

OTELO.—¡Infame! ¿Y te atreves a llorarle delante de mí?

DESDÉMONA.—¡Esposo mío, destiérrame de tu presencia, pero no me mates!

OTELO.—¡Apártate, vil adúltera!

DESDÉMONA.—Déjame vivir siquiera esta noche. Mátame mañana.

OTELO.—¿Aún te defiendes?

DESDÉMONA.—Siquiera una hora de vida.

OTELO.—La hora inevitable ha llegado.

DESDÉMONA.—Dejadme rezar una oración.

OTELO.—Ya es tarde. *(La estrangula.)*

EMILIA.—*(Dentro.)* ¡Abrid, señor, abrid!

OTELO.—¿Quién llama? ¿Estará muerta? En medio de todo le tengo lástima y no quiero alargar su agonía.

EMILIA.—*(Dentro.)* ¡Abrid, señor!

OTELO.—¿Quién es?

EMILIA.—*(Dentro.)* Señor, dejadme deciros dos palabras.

OTELO.—Es Emilia. Voy a abrirle. Ya ha muerto Desdémona. ¿Vendrá Emilia a contarme la muerte de Casio? Aquí era el ruido. Está inmóvil, yerta como la losa de un sepulcro. ¿Abriré? ¿Será una imprudencia? ¡Me parece que se mueve! No es nada. ¿Qué haré? Si entra, preguntará por mi mujer. ¡Mi mujer, mi mujer! ¿Y quién es mi mujer? Yo no la tengo. ¡Hora tristísima! ¡Ojalá hubiese ahora un eclipse de sol y de luna y se abriese el centro de la tierra!

EMILIA.—¡Abrid, señor! Que es muy importante lo que tengo que deciros.

OTELO.—Ya no me acordaba de ti, Emilia.. Entra, pero

despacio. Voy a cerrar las cortinas del lecho. *(Abre la puerta. A Emilia.)* ¿Qué nuevas traes? Dímelas.

EMILIA.—Señor, cerca de aquí acaban de matar a uno.

OTELO.—¿En este instante?

EMILIA.—Ahora mismo.

OTELO.—Influjos son de la Luna, que anda ahora muy cerca de la Tierra y hace sentir aquí sus efectos.

EMILIA.—Casio ha dado muerte a un mancebo veneciano llamado Rodrigo.

OTELO.—¿Muerto Rodrigo? Y Casio muerto también.

EMILIA.—No, Casio no ha muerto.

OTELO.—¡Casio no ha muerto! Entonces ese homicidio, lejos de serme grato, me es aborrecible.

DESDÉMONA.—¡Oh muerte cruel!

EMILIA.—¿Qué grito ha sonado?

OTELO.—¿Grito? ¿Dónde?

EMILIA.—Grito de mi señora. Amparadme, por Dios. Decidme algo, señora, amada Desdémona.

OTELO.—Muere sin culpa.

EMILIA.—¿Y quién la mató?

DESDÉMONA.—Nadie. Yo me maté. Que Otelo me conserve en su recuerdo. Adiós, esposo mío.

OTELO.—¿Pues cómo ha muerto?

EMILIA.—¿Quién lo sabe?

OTELO.—Ya has oído que ella misma dice que yo no fuí.

EMILIA.—Vos fuisteis. Y es preciso que digáis la verdad.

OTELO.—Por la mentira se ha condenado y baja al infierno. Yo la maté.

EMILIA.—¡Ella era un ángel y vos sois un demonio!

OTELO.—Ella fué pecadora y adúltera.

EMILIA.—La estáis calumniando infame y diabólicamente.

OTELO.—Fué falsa y mudable como el agua que corre.

EMILIA.—Y tú violento y rápido como el fuego. Siem-

179

pre te guardó fidelidad, y fué tan casta como los ángeles del cielo.

OTELO.—Casio gozó de su amor. Que te lo cuente tu marido. ¡Oh, merecería yo pagar mi necio crimen en lo más hondo del infierno si antes de arrojarme a la venganza no hubiera examinado bien la justicia de los motivos! Yago lo averiguó.

EMILIA.—¿Mi marido?

OTELO.—Tu marido.

EMILIA.—¿Él averiguó que Desdémona te había sido infiel?

OTELO.—Sí, con Casio. Y si no me hubiera sido traidora, te juro que no la hubiera trocado ni por un mundo que el cielo hubiese fabricado para mí de un crisólito íntegro y sin mancha.

EMILIA.—¡Mi marido!

OTELO.—Él me lo descubrió todo. Es hombre de bien y aborrece toda infamia y torpeza.

EMILIA.—¡Mi marido!

OTELO.—¿Por qué repites tanto "mi marido"?

EMILIA.—¡Ay, pobre señora mía, cómo la maldad se burla del amor! ¡Qué negra iniquidad! ¿Y mi marido te dijo que ella había sido infiel?

OTELO.—Sí, tu marido. ¿Lo entiendes bien ahora? Yago, mi fiel amigo Yago.

EMILIA.—Pues si tales cosas te ha dicho, consúmase su alma, un átomo cada día. ¡Ha mentido como un infame! Bien deseaba el puesto que tan caro ha comprado.

OTELO.—¡Por Dios vivo...!

EMILIA.—Puedes matarme: será un hecho tan indigno de memoria como lo eres tú.

OTELO.—Debías callar.

EMILIA.—Aún mayor que tu poder es mi valor. ¡Necio, más estúpido que el polvo de la tierra! ¡Vaya una bravata! Me río de tu acero. Voy a contar a gritos quién eres, aunque me cueste la vida y cien vidas. ¡Socorro, que el moro ha asesinado a mi señora! ¡Socorro!

MONTANO.—¿Qué pasa, general?

EMILIA.—¿Ahí estás, Yago? ¡Qué habilidad tienes! ¡Dejar que un infame te acuse para disculpar sus crímenes!

GRACIANO.—Pero ¿qué ha pasado?

EMILIA.—Si eres hombre, desmiéntele. Él cuenta que tú le dijiste que su mujer le era infiel. Yo sé bien que no lo has dicho, porque no eres tan malvado. Habla, respóndele, que el corazón quiere saltárseme.

YAGO.—Le dije lo que tenía por cierto, y lo que luego él ha averiguado.

EMILIA.—¿Y tú le dijiste que mi señora no era honrada?

YAGO.—Sí que se lo dije.

EMILIA.—Pues dijiste una mentira odiosa, infernal y diabólica. ¡Poder de Dios! ¿Y le dijiste que era infiel con Casio, con Casio?

YAGO.—Sí, con Casio. Cállate, mujer.

EMILIA.—No he de callar. Es necesario que yo hable. Mi pobre señora yace muerta en su lecho.

TODOS.—¡No lo consienta Dios!

EMILIA.—Y tus delaciones son causa de su muerte.

OTELO.—No os asombréis, señores. Así ha sucedido.

GRACIANO.—¡Horrenda verdad!

MONTANO.—¡Espantoso crimen!

EMILIA.—Aquí se esconde alguna infernal añagaza... Y empiezo a sospechar... ¡Ah, sí: ya caigo...! Lo que siempre recelé... ¡Infame! ¡Me ahoga la ira! ¡Oh trama inicua!

YAGO.—¿Estás loca? Vete a casa. Te lo mando.

EMILIA.—Caballeros, dejadme hablar. Otra vez le obedeceré, no ahora. Y quizá nunca volveré a tu casa, Yago.

OTELO.—¡Ay! ¡Ay!

EMILIA.—¿Al fin lo sientes? Ruge, ruge. Has asesinado a la más santa y hermosa criatura que ha visto nunca la luz del Sol.

OTELO.—(*Levantándose.*) ¡Fué adúltera! No os había conocido, tío. *(A Graciano.)* Ahí tenéis muerta a vuestra sobrina, y muerta a mis manos. Sé que esto os parecerá horrible...

GRACIANO.—¡Pobre Desdémona! ¡Cuán feliz es tu padre en haber pasado ya de esta vida! Tu boda le mató: el pesar de ella bastó a cortar el hilo de sus días. Pero si hoy viviera, y la viese muerta, pienso que había de maldecir hasta de su ángel de guarda, provocando la indignación del cielo!

OTELO.—¡Qué dolor! Pero Yago sabe que ella mil veces se entregó a Casio. El mismo Casio lo confesaba, y además recibió de ella, en pago de su amor, el pañuelo, el regalo nupcial que yo le hice, un pañuelo que mi padre había dado a mi madre. Yo mismo lo he visto en manos de Casio.

EMILIA.—¡Dios poderoso! ¡Dios de bondad!

YAGO.—¡Calla te digo!

EMILIA.—No, no puedo callar, no quiero. Hablaré libre como el viento, aunque me condenen Dios y los hombres y el infierno. No callaré, debo hablar.

YAGO.—No digas locuras. A casa, a casa.

EMILIA.—Jamás iré. *(Yago la amenaza.)*

GRACIANO.—¿Qué? ¿La espada sacáis contra una débil mujer?

EMILIA.—¡Perverso Otelo! Yo encontré aquel pañuelo; yo misma se lo di a mi marido, porque con muchas instancias me había pedido que lo robara.

YAGO.—¡Infame prostituta!

EMILIA.—¿Que ella se lo dió a Casio? No: ¡si lo encontré yo y se lo di a mi marido!

YAGO.—¡Mientes, malvada!

EMILIA.—No miento, no. Caballeros, no miento. ¡Bestia cruel! ¡Estúpido! ¿Cómo habías tú de poder contra esa santa?

OTELO.—¡Monstruo! ¿No hay rayos en el cielo, o es que el trueno se los apropió todos? *(Se arroja sobre Yago, pero éste hiere a Emilia y huye.)*

GRACIANO.—Sin duda ha muerto a su mujer.

EMILIA.—Sí, muerta soy; colocadme al lado de mi ama.

GRACIANO.—Él ha huído, dejándola muerta.

MONTANO.—¡Infame asesino! Toma tú esta espada que he quitado de manos del moro. Guardad la puerta: no le dejéis salir, aunque sea preciso matarle. Yo iré detrás de ese malvado, el más abominable de cuantos existen en el mundo. *(Vanse Montano y Graciano.)*

OTELO.—Hasta el valor he perdido: un niño podría desarmarme. Pero ¿qué importa? ¡Vaya con la virtud la honra! ¡Húndase todo!

EMILIA.—Quiero acordarme de las palabras de tu canto, señora: óyeme, si es que aún tienes oídos. Moriré cantando como el cisne. *(Canta.)*

  Cantad al sauce y su verdor cantad.

Moro: ella fué honesta. Moro: ella te amaba. Verdad es: así yo me salve. Muero diciendo la verdad. Muero. *(Cae.)*

OTELO.—Otra arma tengo aquí: una hoja española, reciamente templada en las aguas del Tajo. Ahora es cuando debo desnudarla, amado tío.

GRACIANO.—*(Dentro.)* Vana empresa será el defenderte: no tienes armas, has de ceder.

OTELO.—Entra y óyeme, o embestiré desnudo como estoy. *(Sale Graciano.)*

GRACIANO.—¿Qué sucede?

OTELO.—Espada tengo, la mejor que ciñó ningún guerrero: esta hoja y este brazo han allanado obstáculos veinte veces mayores que tu resistencia. Pero ¡qué insensato alarde! ¿Quién lidia contra la fortuna? Todo ha cambiado: no me temes aunque me ves con armas. Éste es el término de mi viaje, la bahía y el puerto. ¿Te retiras tembloroso? ¿A qué ese miedo? Aunque ataques a Otelo con una débil caña, Otelo cederá. ¿Y adónde ha de ir Otelo? Déjame ver tu rostro por última vez, infeliz esposa mía. Tan pálido está como tu vestidura. Cuando los dos comparezcamos ante el tribunal divino, esa mirada tuya bastará a arrojar mi alma del cielo, y los demonios harán presa en ella con sus uñas. ¡Ay de mí, siervo del pecado! ¡Furias, arrojadme del cielo con vuestros azotes! Demonios, arrastradme en vuestro gran torbellino, hacedme hervir en azufre o en pilas de hirviente metal. ¡Desdémona, Desdémona!

Ludovico.—¿Dónde está ese infeliz temerario? *(Salen Ludovico, Montano, Casio herido y Yago preso.)*

Otelo.—Aquí tenéis al que fué Otelo.

Ludovico.—¿Dónde ese basilisco, ese horrible Yago?

Otelo.—¡Lástima que seas demonio, porque no podré matarte! *(Le hiere.)*

Ludovico.—Desarmadle.

Yago.—Me has herido pero no de muerte.

Otelo.—Y no lo siento. Quiero que vivas porque el morir es una dicha.

Ludovico.—Otelo, tú que antes fuiste tan bueno y generoso, ¿cómo has caído en los lazos de ese traidor artero? ¿Qué dirán de ti?

Otelo.—Cuanto quieran, si así lo creéis; seré un delincuente honrado. Por honor la maté, no por odio.

Ludovico.—En parte ya ha confesado su crimen. ¿Los dos concertasteis la muerte de Casio?

Otelo.—Sí.

Casio.—Y sin razón ninguna.

Otelo.—Téngolo por cierto y te pido perdón. Preguntad a ese demonio qué motivo le pudo inducir a infernar de ese modo mi cuerpo y mi alma.

Yago.—No me preguntéis nada, no he de responder. Todos lo sabéis. Desde ahora no he de hablar.

Ludovico.—¿Ni siquiera para rezar?

Graciano.—El tormento te obligará a mover la lengua..

Otelo.—Bien harás.

Ludovico.—Sabedlo todos, pues aún hay algo que no ha llegado a vuestra noticia: En el bolsillo de Rodrigo se han encontrado dos cartas. Una de ellas explica cómo Rodrigo se encargó de dar muerte a Casio.

Otelo.—¡Cobarde!

Casio.—¡Infame!

Ludovico.—La otra carta contiene mil quejas contra Yago, pero se conoce que antes de enviarle Rodrigo la carta encontró a Yago y éste resolvió todas sus dudas y le decidió a lo que hizo.

Otelo.—¡Perro traidor! ¿Y cómo llegó a tus manos, Casio, aquel pañuelo de mi mujer?

Casio.—Lo hallé en mi aposento, y él mismo acaba de confesar que lo dejó allí con este intento.

Otelo.—¡Necio, mentecato!

Casio.—En la misma carta le echa en cara Rodrigo, entre otras mil acusaciones, el haberle excitado en el cuerpo de guardia a que riñese conmigo, de cuya riña resultó el perder yo mi empleo. Y él ha dicho antes de morir que Yago le acusó y le hirió.

Ludovico.—Necesario es que vengáis con nosotros sin demora. El gobierno queda en manos de Casio. Y en cuanto a Yago, creed que si hay algún tormento que pueda hacerle padecer eternamente sin matarle, a él se aplicará. Vos estaréis presto hasta que sentencie vuestra causa el senado de Venecia.

Otelo.—Oídme una palabra, nada más, y luego os iréis. He servido bien y lealmente a la república, y ella lo sabe; pero no tratemos de eso. Sólo os pido por favor una cosa: que cuando en vuestras cartas al senado refiráis este lastimoso caso, no tratéis de disculparme ni de agravar tampoco mi culpa. Decid que he sido un desdichado: que amé sin discreción y con furor; que aunque tardo en recelar, me dejé arrastrar como loco por la corriente de los celos; decid que fuí tan insensato como el indio que arroja al lodo una piedra preciosa que vale más que toda su tribu. Decid que mis ojos, que antes no lloraban nunca, han destilado luego largo caudal de lágrimas, como destilan su balsámico jugo los árboles de Arabia. Contádselo todo así, y decid también que un día que en Alepo un turco puso la mano en un veneciano, ultrajando la majestad de la república, yo agarré del cuello a aquel perro infiel y le maté así. *(Se hiere.)*

LUDOVICO.—¡Lastimosa muerte!

GRACIANO.—Vanas fueron nuestras palabras.

OTELO.—Esposa mía, quise besarte antes de matarte. Ahora te beso y muero al besarte. *(Muere.)*

CASIO.—Yo lo recelé, porque era de alma muy generosa, pero creí que no tenía armas.

LUDOVICO.—¡Perro ladrón, más crudo y sanguinario que la muerte misma, más implacable que el mar alborotado! ¡Mira, mira los dos cadáveres que abruman ese lecho! Gózate en tu obra, cuyo solo espectáculo basta para envenenar los ojos. Cubrid el cadáver; haced guardar la casa, Graciano. Haced inventario de los bienes del moro. Sois su heredero. Y a vos, gobernador, incumbe castigar a este perro sin ley, fijando el modo y la hora del tormento. ¡Y que sea cruel, muy cruel! Yo, con lágrimas en los ojos, voy a llevar a Venecia la relación del triste caso.

FIN DE
"OTELO"

JULIO CESAR

PERSONAJES

JULIO CÉSAR.
OCTAVIO CÉSAR,
MARCO ANTONIO,
M. E. LÉPIDO, } triunviros después de la muerte de Julio César.

CICERÓN,
PUBLIO,
POPILIO LENA, } senadores.

MARCO BRUTO,
CASIO,
CASCA,
TREBONIO,
LIGARIO,
DECIO BRUTO,
METELIO CIMBER,
CINNA, } conspidadores contra César.

FLAVIO,
MARULO, } tribunos.

ARTEMIDOR, sofista de Gnidos.
UN ADIVINO.
CINNA, poeta.
OTRO POETA.

LUCILIO,
TICINIO,
MESSALA,
CATÓN el joven,
VOLUMNIO, } amigos de Bruto y Casio.

VARRO,
CLITO,
CLAUDIO,
STRATO,
LUCIO,
DARDANIO, } criados de Bruto.

CALFURNIA, esposa de César.
PORCIA, esposa de Bruto.

Senadores, ciudadanos, guardias, etc.

Escena. Durante gran parte de la representación, en Roma. Después, en Sardis y cerca de Filipo.

ACTO PRIMERO

ESCENA PRIMERA

Una calle de Roma.

Entran FLAVIO, MARULO *y una turba de* CIUDADANOS

FLAVIO.—¡Afuera! ¡A vuestras casas, holgazanes, marchad a vuestras casas! ¿Acaso es hoy día de fiesta? ¡Qué! ¿Soy trabajadores y no sabéis que en día de trabajo no debéis andar sin la divisa de vuestra profesión? ¡Habla! ¿Cuál es tu oficio?

CIUDADANO 1.º—A la verdad, señor, soy carpintero.

MARULO.—¿Dónde está tu delantal de cuero y tu escuadra? ¿Qué haces luciendo tu mejor vestido? Y tú, ¿de qué oficio eres?

CIUDADANO 2.º—En verdad, señor, que comparado con un obrero de lo mejor, no soy más, como diríais, que un remendón.

MARULO.—Pero ¿cuál es tu oficio? Responde sin rodeos.

CIUDADANO 2.º—Un oficio, señor, que espero podré ejercer con toda conciencia, y es, en verdad, señor, el de remendar malas suelas.

MARULO.—¿Qué oficio tienes, bellaco? Avieso bellaco, ¿qué oficio?

CIUDADANO 2.º—No os enojéis conmigo, señor, os lo suplico. Pero aun enojado, os puedo remendar.

MARULO.—¿Qué significa esto? ¡Remendarme tú, mozo imprudente!

CIUDADANO 2.º—Es claro, señor, remendar vuestro cᵉ turno.

FLAVIO.—¿Es decir que eres zapatero de viejo?

Ciudadano 2.º—En verdad, señor, yo no vivo sino por la lezna. Ni me entremeto en los asuntos de los negociantes, ni en los de las mujeres, sino con la lezna. Soy en todas veras un cirujano de los calzados viejos. Cuando están en gran peligro los restauro, y la obra de mis manos ha servido a hombres tan correctos como los que en cualquier tiempo caminaron en el cuero más lujoso.

Flavio.—¿Pues por qué no estás hoy en tu taller? ¿Por qué llevas a estos hombres a vagar por las calles?

Ciudadano 2.º—A decir ver, señor, para que gasten los zapatos y tener yo así más trabajo. Pero ciertamente, si holgamos hoy es por ver a César y alegrarnos de su triunfo.

Marulo.—¡Regocijarse! ¿De qué? ¿Qué conquista trae a la patria? ¿Qué tributarios le siguen a Roma, engalanando con los lazos de su cautiverio las ruedas de su carro? Vosotros, imbéciles, piedras, menos que cosas inertes, corazones endurecidos, crueles hombres de Roma, ¿no conocisteis a Pompeyo? ¡Cuántas y cuántas veces habéis escalado muros y parapetos, torres y ventanas, y hasta el tope de las chimeneas, llevando en brazos a vuestros pequeñuelos, y os habéis sentado allí todo el largo día en paciente expectación para ver al gran Pompeyo pasar por las calles de Roma! Y apenas veíais asomar su carro, ¿no lanzabais una aclamación universal que hacía temblar al Tíber en su lecho al oír en sus cóncavas márgenes el eco de vuestro clamoreo? ¿Y ahora os engalanáis con vuestros mejores trajes? ¿Y ahora os regaláis con un día de fiesta? ¿Y ahora regáis de flores el camino de aquel que viene en triunfo sobre la sangre de Pompeyo? ¡Marchaos, corred a vuestros hogares, caed de rodillas y rogad a los dioses que suspendan la calamidad que por fuerza ha de caer sobre esta ingratitud.

Flavio.—Id, id, buenas gentes, y por esta falta reunid a todos los infelices de vuestra clase, llevadlos a las orillas del Tíber y verted vuestras lágrimas en su cauce, hasta que su más humilde corriente llegue a besar la más encumbrada de sus márgenes. *(Salen los ciudadanos.)* Mirad si no se conmueve su más vil instinto. Su culpa les ata la lengua y se ahuyentan. Bajad por aquella vía al Capitolio; yo iré por ésta. Desnudad las imágenes si las encontráis recargadas de ceremonias.

MARULO.—¿Podemos hacerlo? Sabéis que es la fiesta lupercalia.

FLAVIO.—No importa. No dejéis que imagen alguna sea colgada en los trofeos de César. Iré de aquí para allí y alejaré de las calles al vulgo. Haced lo mismo dondequiera que lo veáis aglomerarse. Estas plumas crecientes, arrancadas a las alas de César, no le dejarán alzar más que un vuelo ordinario. ¿Quién otro se podría cerner sobre la vista de los hombres, y tenernos a todos en servil recogimiento? *(Salen.)*

ESCENA II

Plaza pública en Roma

Entran en procesión, con música, CÉSAR, ANTONIO, *para las carreras,* CALFURNIA, PORCIA, DECIO, CICERÓN, BRUTO, CASIO y CASCA. *Síguelos una gran muchedumbre, en la cual está un* ADIVINO

CÉSAR.—Calfurnia.

CASIO.—¡Silencio! César habla.

CÉSAR.—Calfurnia.

CALFURNIA.—Heme aquí, mi señor.

CÉSAR.—Cuando Antonio emprenda la carrera, te colocarás directamente en su camino. ¡Antonio!

ANTONIO.—César, mi señor.

CÉSAR.—No olvides, Antonio, en la rapidez de tu carrera, el tocar a Calfurnia, porque al decir de nuestros mayores, las estériles tocadas en esta santa carrera se libertan de la maldición de sus esterilidad.

Antonio.—Tengo que recordarlo. Cuando César dice: "Haz esto", se hace.

Adivino.—César.

César.—¡Ea! ¿Quién llama?

Casca.—¡Que cese todo ruido! Otra vez, ¡silencio!

César.—¿Quién de entre la multitud me ha llamado? Oigo una voz, más vibrante que toda la música, clamar "César". Habla. César se detiene a oírte.

Adivino.—¡Cuidado con los idus de marzo!

César.—¿Quién es este hombre?

Bruto.—Un agorero os previene que desconfiéis de los idus de marzo.

César.—Traedlo a mi presencia. Quiero ver su rostro.

Casio.—Mozo; sal de la turba y mira a César.

César.—¿Qué me dices ahora? Habla de nuevo.

Adivino.—Cuidado con los idus de marzo.

César.—Es un soñador. Dejémosle. Abrid paso. *(Salen todos, menos Bruto y Casio.)*

Casio.—¿Iréis a ver el orden de las carreras?

Bruto.—¿Yo? No.

Casio.—Id. Os lo ruego.

Bruto.—No soy aficionado a juegos. Me falta algo de ese vivaz espíritu que hay en Antonio. Pero no sea yo estorbo a vuestros deseos; me alejaré.

Casio.—De poco tiempo acá pongo empeño en observaros, Bruto. No encuentro en vuestros ojos aquella suavidad, aquella afectuosa expresión con que yo debía contar. Os mostráis demasiado rígido y extraño para con este amigo que os ama.

Bruto.—Casio, no os engañéis. Si mi aspecto se ha hecho sombrío, su turbación sólo se refiere a mí mismo. Desde hace poco estoy atormentado por pasiones un tanto desacordes; concepciones que no conciernen sino a mí propio, y que tal vez dan algún campo a mi proceder

No por esto se aflijan mis buenos amigos, de cuyo número sed uno, Casio, ni den a mi negligencia otra interpretación que la de estar el pobre Bruto en lucha consigo mismo, olvidando así dar muestras de afecto a los demás hombres.

Casio.—Pues, Bruto, he equivocado mucho vuestra pasión, y por esto había yo atesorado en este mi pecho aspiraciones de alto valor, dignas de ser meditadas. Decidme, buen Bruto, ¿podéis mirar vuestro rostro?

Bruto.—No, Casio, porque el ojo no se ve a sí mismo sino por reflejo, por algunos otros objetos.

Casio.—Es exacto. Y deplórase mucho que no tengáis, Bruto, espejos que os pongan a la vista vuestra oculta valía, para que podáis mirar vuestra sombra. Allí donde se respetan en Roma a muchos de los mejores, excepto el inmortal César, he oído hablar de Bruto, y gimiendo bajo el yugo de esta época, anhelar porque el noble Bruto abriera los ojos.

Bruto.—¿A qué peligros quisieras arrastrarme, Casio, haciéndome buscar en mí mismo lo que no existe en mí?

Casio.—Por tanto, buen Bruto, preparaos a oír. Y pues conocéis que no podríais miraros de mejor modo que por reflejo, yo, espejo vuestro, os revelaré modestamente aquella parte de vos mismo que no conocéis aún. Ni tengáis recelo de mí, gentil Bruto. Si fuera yo un atolondrado vulgar, o acostumbrara repetir con manoseados juramentos mi afecto a cada nuevo pretendiente; o si supierais que voy en pos de los hombres, los abrazo estrechamente y luego los hago blanco del escándalo; o que de banquete en banquete me prodigo en adhesiones a todos los vencidos, entonces podríais tenerme por peligroso. *(Preludios y aclamaciones.)*

Bruto.—¿Qué significan estas aclamaciones? Temo que el pueblo elija a César por su rey.

Casio.—¿En verdad teméis eso? Luego debo pensar que no lo deseáis así.

Bruto.—No lo quisiera, Casio. Y, sin embargo, le amo bastante. Pero ¿a qué me detenéis aquí tanto tiempo? ¿Qué es lo que deseáis comunicarme? Si es para el bien general, aunque pusierais en un ojo los honores y en el otro la muerte, seía tan indiferente a unos como a la otra. Porque, así me amparen los dioses, como es verdad que amo el nombre del honor más que temo la muerte.

Casio.—Conozco en vos esa virtud interna, Bruto, como conozco vuestra fisonomía exterior. Pues bien, el honor es el tema de mi relato. No sabría decir lo que vos y otros pensáis de mi vida, pero, por lo que a mí toca, a mí solo, preferiría no vivir a vivir en el terror de aquello que es igual a mí. Nací libre, como César, y así nacisteis también. Ambos hemos sido igualmente bien alimentados, y podemos resistir tan bien como él los rigores del invierno. En cierta ocasión, en un día desapacible y borrascoso, cuando el Tíber agitado rompía contra sus márgenes, me dijo César: "¿Te atreverías, Casio, a arrojarte ahora conmigo en estas aguas furiosas y nadar hasta aquel punto allá arriba?" Apenas lo hubo dicho cuando, equipado como me hallaba, le invité a seguirme, lo cual ciertamente hizo. Rugía el torrente y luchábamos contra él hendiéndole con vigoroso esfuerzo y avanzando con corazones inflamados por la emulación; pero antes de llegar al término, clamó César: "Auxíliame, Casio, o me sumerjo." Yo, como nuestro grande antepasado Eneas, que llevó sobre sus hombros al viejo Anquises para salvarlo de las llamas de Troya, llevé al fatigado César salvándole de las aguas del Tíber. ¡Y este hombre ha llegado ahora a ser un dios! ¡Y Casio un miserable que se ha de encorvar humildemente si César se digna enviarle siquiera un negligente saludo. En Iberia tuvo una fiebre y observé cómo temblaba durante el acceso. Sus cobardes labios palidecieron, y esos mismos ojos cuyo ceño intimida hoy al mundo, perdieron su brillo. Le oía gemir, sí; y esa su lengua que invitó a los romanos a distinguirlo y escribir en los libros sus discursos, ¡oh mengua!, clamaba como una niña enferma: "¡Dame algo que beber, Ticinio!" ¡Por los dioses!, que me confunde el ver a hombre de tan cuidado carácter ir a la cabeza del majestuoso mundo y llevar la palma él solo. (*Aclamación.*)

BRUTO.—¡Otra aclamación general! Creo que estos aplausos son por algunos nuevos honores prodigados a César.

CASIO.—¡Pero, hombre! Él se pasea por el estrecho mundo como un coloso. Y nosotros, turba mezquina, caminamos bajo sus piernas de gigante, atisbamos por todos lados para ver de encontrar para nosotros una tumba sin honra. Alguna vez los hombres son dueños de sus destinos. La culpa, querido Bruto, no es de nuestras estrellas, sino de nosotros mismos, si consentimos en ser inferiores. Bruto y César. ¿Qué habría en ese César? ¿Por qué habría de ser ese nombre más ruidoso que el vuestro? Escribidlos juntos: tampoco es menos vuestro nombre, no es menos simétrico. Pronunciadlos: fácil a la boca. Pensadlos: no pesa menos. Conjurad con ellos: Bruto conmoverá un espíritu tan pronto como César. Y ahora, por todos los dioses juntos, ¿de qué vianda se alimenta este nuestro César para haber llegado a ser tan grande? ¡Vergüenza para nuestra época! Has perdido, ¡oh Roma!, la prole de las sangres nobles. ¿Cuándo pasó edad alguna desde el gran diluvio sin que fuese famosa por más de un hombre? ¿Cuándo pudieron decir antes de ahora los que de Roma hablaban que sus vastos muros no contenían sino un hombre? Y existe ahora en verdad y sobra espacio cuando no hay en ella más que un solo hombre. ¡Oh! Vos y yo hemos oído decir a nuestros padres que existió una vez un Bruto que habría sobrellevado en paciencia al mismo eterno demonio para mantener su rango en Roma con tanta facilidad como un rey.

Bruto.—De vuestro afecto no abrigo inquietud. De lo que me inducirías a hacer no me falta alguna aspiración. Más tarde os diré cómo he pensado en ello y en las cosas de estos tiempos; mas no deseo hacerlo por ahora. Os ruego afectuosamente que no queráis hacerme ir más lejos. Prestaré atención a lo que habéis dicho; escucharé con paciencia lo que tenéis que decir y hallaré momento oportuno para oír y responder acerca de tan altos propósitos. Hasta entonces, noble amigo mío, meditad en esto: Bruto preferiría ser un aldeano a reputarse hijo de Roma en las duras condiciones que estos tiempos parecen imponernos. *(Vuelven a entrar César y su séquito.)* Han terminado los juegos y César está de vuelta.

Casio.—Cuando pase el cortejo, tirad a Casca por la manga y él os dirá con su brusca manera cuanto hoy ha ocurrido digno de nota.

Bruto.—Así lo haré; pero, Casio, mira. La cólera centellea en el ceño de César y los demás parecen un séquito consternado. Las mejillas de Calfurnia han palidecido; y Cicerón deja ver en sus ojos el mismo fuego intenso que les hemos visto en el Capitolio cuando le contrariaban algunos senadores.

Casio.—Casca nos dirá lo que acontece.

César.—¿Antonio?

Antonio.—César.

César.—Rodéame de hombres gordos, hombres de poca cabeza, que duermen bien toda la noche. Allí está Casio con su aspecto escuálido y hambriento. Piensa demasiado. Hombres así son peligrosos.

Antonio.—No le temáis, César. No es peligroso. Es un noble romano, y de muy buena pasta.

César.—Le querría más gordo; pero no le temo. Mas si cupiera temor en quien se llama César, no sé de hombre alguno a quien evitaría más pronto que a ese escuálido Casio. Lee mucho, es gran observador y penetra perfectamente las acciones de los hombres. No es amigo de juegos como tú, Antonio, ni oye música. Rara vez sonríe, y si sonríe es de tal modo que parece burlarse de sí mismo y desdeñar su espíritu por haber sido capaz de sonreír a cosa alguna. Tales hombres jamás pueden estar tranquilos a la vista de alguno más grande que ellos, y por eso son muy peligrosos. Prefiero decirte lo que es de temer, no lo que yo tema; porque siempre soy César. Ven a mi derecha, pues no puedo oír por esa oreja, y dime verazmente lo que piensas de él. *(Salen César y su séquito. Casca se queda atrás.)*

CASCA.—Me habéis tirado por la manga. ¿Querríais hablar conmigo?

BRUTO.—Sí, Casca. Decidnos qué ha sucedido hoy para que César parezca tan melancólico.

CASCA.—¿Pues no estabais con él? Yo así lo creía.

BRUTO.—Entonces no preguntaría a Casca lo que ha sucedido.

CASCA.—Pues sucedió que le ofrecieron una corona y al serle ofrecida la apartó con el revés de la mano, así. Y entonces el pueblo se puso a aclamarlo.

BRUTO.—¿Y el segundo bullicio de qué provino?

CASCA.—De lo mismo.

BRUTO.—Tres veces aclamaron. ¿Por qué la última vez?

CASCA.—Pues por lo mismo.

BRUTO.—¿Tres veces le fué ofrecida la corona?

CASCA.—Tres veces, a fe mía, y tres veces la apartó, cada una más suavemente que la anterior, y en cada vez mis honrados vecinos vociferaron.

CASIO.—¿Quien le ofreció la corona?

CASCA.—Antonio, por cierto.

BRUTO.—Decidnos de qué manera, amable Casca.

CASCA.—Que me ahorquen si puedo decir cómo se

hizo. No fué más que una tontería y apenas me fijé en ello. Vi a Marco Antonio ofrecerle una corona; no, no era tampoco una corona; era una especie de coronilla, y, como os he dicho, le apartó una vez; pero a pesar de todo, tengo para mis adentros que más le habría gustado tenerla. Se la ofreció luego por segunda vez y volvió a apartarla; mas, a lo que barrunto, se le hizo muy pesado retirar de ella los dedos. Y en seguida se la ofreció por tercera vez, y por tercera vez la puso aparte. Al verle rehusar todavía, la turba vitoreó y batió palmas y arrojó por alto sus mugrientos gorros, y exhaló tal volumen de pestífero aliento porque César había rehusado la corona, que casi asfixió a César; pues se desmayó y cayó en el acto. Por mi parte no me atreví a reírme, de miedo de aspirar aquel aire al abrir los labios.

Bruto.—Hablad con calma, os lo ruego. ¡Qué! ¿Se desmayó César?

Casca.—Cayó en la plaza del mercado, arrojando espuma por la boca, y perdió el habla.

Bruto.—Es muy verosímil. Padece de vértigos.

Casio.—No. César no padece de vértigos. Somos vos y yo y el honrado Casca quienes sufrimos vértigos.

Casca.—No sé lo que queréis decir en ello; pero estoy seguro de que César cayó. Y si no es verdad que el populacho palmoteó y lo silbó, según que él le agradaba o le desagradaba, como suele hacerlo con los actores en el teatro, decid que no soy hombre de bien.

Bruto.—¿Qué dijo cuando volvió en sí?

Casca.—Antes de caer, cuando vió aquel rebaño de populacho alegrarse de que rehusaba la corona, me pidió abrir su gola, y les ofreció el cuello para que lo cortasen. Y a fe mía si yo hubiera sido uno de ellos, le habría tomado la palabra, aunque hubiese tenido que ir al infierno entre los bribones; y así cayó. Cuando volvió en sí dijo que si había hecho o dicho cosa fuera de camino, deseaba que sus señorías lo atribuyesen a su enfermedad. Tres o cuatro perdidos exclamaron: "¡Ay! ¡Qué alma tan buena!", y lo perdonaron de todo corazón; pero de éstos no se puede hacer caso. No habrían dicho menos si César hubiese acuchillado a sus madres.

Bruto.—¿Y después de esto se alejó así, lleno de tristeza?

Casca.—Sí.

Casio.—¿Dijo algo Cicerón?

Casca.—Sí. Habló en griego.

Casio.—¿Con qué objeto?

Casca.—Pues si yo os lo dijera, nunca volvería a veros la cara. Pero los que le entendían se sonreían uno al otro y movían la cabeza. En cuanto a mí..., aquello estaba en griego. También puedo daros más nuevas. Marulo y Flavio han sido reducidos a silencio por haber arrancado adornos de las imágenes de César. Adiós. Más tonterías hubo, pero no podría acordarme de todas.

Casio.—¿Queréis cenar esta noche conmigo, Casca?

Casca.—No. Ya he dado palabra a otro.

Casio.—¿Queréis comer conmigo mañana?

Casca.—Sí, si estoy vivo, si no cambiáis de idea y si la comida vale la pena.

Casio.—Bueno. Os aguardaré.

Casca.—Enhorabuena. Adiós, amigos, uno y otro. (Sale.)

Bruto.—¡Qué impetuoso carácter ha llegado a ser! Ya era harto impulsivo cuando entró en la escuela.

Casio.—Y lo mismo es ahora para ejecutar cualquiera audaz o noble empresa, aun cuando reviste esa forma embarazosa. Su rudeza sirve para sazonar su buen sentido y hace que las gentes saboreen más sus palabras y las digieran mejor.

Bruto.—Así es en verdad. Por ahora os dejo. Si os place hablar conmigo mañana, iré a vuestra casa. Si preferís venir a la mía, os aguardaré.

Casio.—Haré esto último. Y hasta entonces, reflexionad sobre el mundo. *(Sale Bruto.)* Bien, Bruto, eres noble, veo que, dispuesto como está tu noble metal, se le puede elaborar. Y por esto conviene que las almas nobles estén siempre asociadas a sus semejantes; porque ¿quién hay tan firme que no pueda ser seducido? César apenas me tolera, pero ama a Bruto. Si yo fuese ahora Bruto y Bruto fuese Casio, César no me soportaría. Por diferentes manos haré arrojar esta noche por sus ventanas escritos, como provenientes de varios ciudadanos, mostrando la alta opinión que Roma tiene de su nombre; y en ellos se insinuará con disimulo la ambición de César. Después de esto, ya puede César ver de asentarse firmemente, porque le derribaremos, o habremos de sufrir días peores. *(Sale.)*

ESCENA III

Calle de Roma

Truenos y rayos. Entran por lados opuestos CASCA, *con la espada desnuda, y* CICERÓN

CICERÓN.—Buenas tardes, Casca. ¿Habéis llevado a César a casa? ¿Por qué estáis sin aliento y por qué miráis tan azorado?

CASCA.—¿No os conmueve el ver que todo el cimiento de la tierra se estremece como una cosa insegura? ¡Oh Cicerón! He visto tempestades en que los vientos enfurecidos hendían los nudosos robles. He visto henchirse el ambicioso océano, embravecer y cubrirse de espumas por levantarse hasta las nubes amenazantes. Pero nunca hasta ahora he pasado por una tempestad que destile fuego. O hay en el cielo una guerra intestina o el mundo, demasiado malo para con los dioses, los provoca a enviar la destrucción.

Cicerón.—¡Pues qué! ¿Habéis visto algo aún más asombroso?

Casca.—Un esclavo ordinario..., le conocéis bien de vista..., alzó la mano izquierda, brotaron llamas y ardió como veinte teas juntas. Y, sin embargo, esa mano, insensible al fuego, permaneció ilesa. Además, y desde ese instante no he vuelto a envainar mi espada, me encontré junto al Capitolio con un león que me miró fijamente y se alejó encolerizado, sin molestarme. Y sobre un montículo había agrupadas cien mujeres, pálidas, demudadas por el espanto, que juraban haber visto hombres enteramente envueltos en llamas, que paseaban las calles arriba y abajo. Y ayer el ave nocturna se posó aun en mitad del día sobre la plaza del mercado gritando y chillando. Cuando tales prodigios coinciden de tal modo, nadie diga: "Son cosas naturales; sus razones son éstas", porque creo que son portentos llenos de pronósticos para los lugares donde aparecen.

Cicerón.—Ciertamente, éste es un tiempo asaz extraño. Pero los hombres pueden interpretar las cosas a su modo, sin que entren en ello para nada el fin a que las cosas mismas se encaminan. ¿Vendrá César mañana al Capitolio?

Casca.—Vendrá porque requirió a Antonio para avisarnos que estaría allí mañana.

Cicerón.—Buenas noches, pues, Casca. Este cielo perturbado no está como para paseo.

Casca.—Adiós, Cicerón. *(Sale Cicerón. Entra Casio.)*

Casio.—¿Quién está ahí?

Casca.—Un romano.

Casio.—Por la voz, sois Casca.

Casca.—Tenéis buen oído, Casio; ¿qué noche es ésta?

Casio.—Una noche muy grata a los hombres de bien.

Casca.—¿Quién vió jamás el cielo amenazar así?

Casio.—Los que han conocido cuán llena de delitos está la tierra. En cuanto a mí, he recorrido las calles, arrostrando esta noche de peligros; y desceñido como me veis, he desnudado mi pecho al granizo de la tormenta; y cuando el azulado oblicuo rayo parecía abrir el seno del cielo, yo me presenté en su propia senda y bajo su mismo estallido.

CASCA.—Pero ¿para qué provocasteis tanto a los cielos? Toca a los hombres temer y temblar cuando los más poderosos dioses envían como señales heraldos tan terribles para despertar nuestra admiración.

CASIO.—Casca, no sois despierto. Os faltan esos destellos de la vida que todo romano debería tener, o, al menos, no os servís de ello. Estáis pálido, azorado, lleno de temor y de asombro al ver la extraña impaciencia de los cielos. Pero si consideráis la verdadera causa de estos fuegos, de estos espectros que se deslizan; el porqué los decrépitos, los idiotas y los niños calculan; y las aves y bestias de diversa clase y calidad y mil otras cosas cambian su naturaleza y sus innatas facultades por una condición monstruosa, entonces hallaríais que el cielo les ha infundido esta disposición para que sean intrumentos de temor y alarma para algún monstruoso estado de cosas. Ahora podría yo, Casca, nombraros a un hombre por demás parecido a esta terrible noche; hombre que truena, lanza rayos, abre sepulturas y ruge como el león del Capitolio; un hombre que en acción personal no es más poderoso que vos o yo, pero que ha crecido prodigiosamente y es temible como lo son estas extrañas erupciones.

CASCA.—¿Aludís a César, ¿no es así, Casio?

CASIO.—Sea a quien fuere, porque ahora los romanos tienen miembros y fuerza como sus antepasados; pero mientras tanto, ¡oh desventura!, el espíritu de nuestros padres está muerto y sólo nos anima el de nuestras madres, pues nuestro yugo y sumisión muestran que somos afeminados.

CASCA.—En verdad se dice que los senadores se proponen entronizar mañana a César como rey, y que llevará su corona por mar y tiera en todas partes excepto aquí en Italia.

CASIO.—Entonces ya sé dónde he de usar este puñal. Casio libertará de la esclavitud a Casio. Por ello, ¡oh dioses!, tornáis a los débiles en los más fuertes; y por ello, ¡oh dioses!, vencéis a los tiranos. Ni las torres de piedra, ni los muros de bronce forjado, ni la prisión subterránea, ni los fuertes anillos de hierro pueden reprimir las fuerzas del alma, porque la vida cansada de estas barreras del mundo jamás pierde el poder de libertarse a sí misma. Y pues sé esto, sepa además todo el mundo que de la parte de tiranía que sufro me puedo sustraer cuando quiera.

CASCA.—También lo puedo yo. Cada siervo lleva en su propia mano el poder de acabar su servidumbre.

CASIO.—Y entonces, ¿por qué habría de ser un tirano César? ¡Pobre hombre! Bien sé que no querría ser él un lobo si no viera que los romanos son ovejas; ni sería león si no fueran los romanos ciervos. Los que quieren encender un gran fuego, principian por algunas débiles pajas. ¿Qué hez es Roma, qué desecho, qué escombro, cuando sirve de materia y base para iluminar una cosa tan vil como César? Mas, ¡oh dolor!, ¿adónde me has llevado? Tal vez hablo esto ante un cautivo voluntario, y entonces ya sé cuál tiene que ser mi respuesta; pero estoy armado y no me importan los peligros.

CASCA.—Habláis a Casca, a un hombre que no es un decidor de chascarrillos. Tomad mi mano. Alzad el grito por que se remedien todos estos males y no habrá quien dé un paso más adelante que yo.

CASIO.—Pues queda convenido. Sabed ahora, Casca, que he movido a ciertos de los más dignos y generosos romanos a acometer conmigo una importante empresa llena de honroso peligro. Y sé que ahora me aguardan en el pórtico de Pompeyo, porque en tan terrible noche como ésta no hay movimiento ni paseo en las calles, y nos favorece que la condición de los elementos sea, como la obra que tenemos en mano, la más sangrienta, fiera y terrible. *(Entra Cinna.)*

Casca.—Quedad oculto un momento. Alguno viene aprisa.

Casio.—Es Cinna. Le conozco por los pasos. Es amigo. Cinna, ¿adónde tan aprisa?

Cinna.—En busca vuestra. ¿Quién es ése? ¿Metelo Cimber?

Casio.—No. Es Casca, un afiliado a nuestro intento. ¿Me aguardan, Cinna?

Cinna.—Me alegro de ello. ¡Qué terrible noche! Dos o tres de nosotros hemos visto extrañas visiones.

Casio.—¿Me aguardan? Decídmelo, Cinna.

Cinna.—Sí, se os aguarda. ¡Oh Casio, si pudierais solamente atraer al noble Bruto a nuestro partido!

Casio.—Estad satisfecho. Tomad, buen Cinna, este papel y cuidad de ponerlo en la silla del pretor, donde Bruto pueda hallarlo; arrojad éste por su ventana; fijad éste con cera en la estatua del antiguo Bruto; y hecho todo, encaminaos al pórtico de Pompeyo, donde nos hallaréis. ¿Están allí Decio Bruto y Tibonio?

Cinna.—Todos, excepto Metelio Cimber, que ha ido a buscaros en vuestra casa. Bien, me presuraré a distribuir estos papeles como me pedís.

Casio.—Una vez hecho, dirigíos al teatro de Pompeyo. *(Sale Cinna.)* Venid, Casca. Todavía veremos ambos a Bruto en su casa antes de amanecer. Tres cuartas partes de él son ya nuestras; después de la próxima entrevista tendremos todo el hombre.

Casca.—¡Oh! ¡Él ocupa un puesto muy alto en todos los corazones del pueblo! Y aquello mismo que en nosotros parecería delito, se transformaría por su sola presencia, como por la más rica alquimia, en dignidad y en valía.

CASIO.—Bien habéis estimado a Bruto, su valer y la gran necesidad que tenemos de él. Marchémonos, pues es pasada la medianoche, y antes del día le despertaremos y contaremos con él. *(Salen.)*

ACTO SEGUNDO

ESCENA PRIMERA

El huerto de Bruto, en Roma

Entra Bruto

Bruto.—¡Ea, Lucio! ¡Hola!... No puedo calcular por la marcha de las estrellas lo que falta para el día. ¿Oyes, Lucio? Ya quisiera yo tener el defecto de dormir tan profundamente. ¿Hasta cuándo? ¡Despierta! Despierta, digo. ¡Ea, Lucio! *(Entra Lucio.)*

Lucio.—¿Habéis llamado, mi señor?

Bruto.—Coloca una lámpara en mi estudio, y encendida que sea, vendrás aquí a llamarme.

Lucio.—Así lo haré, señor. *(Sale.)*

Bruto.—Tiene que ser por su muerte. En cuanto a mí, no tengo para menospreciarle ninguna causa personal, sino la de todos. Él desearía coronarse. Cómo pueda cambiar esto su naturaleza, he ahí el problema. Es el día brillante el que hace salir a la luz la serpiente, y esto aconseja caminar con cautela. ¿Coronarlo? Sea. Y entonces, de seguro ponemos en él un estímulo por el cual pueda crear peligros a voluntad. El abuso de la grandeza existe cuando ésta separa del poder el remordimiento; y a decir verdad de César, nunca he sabido que sus afectos hayan vacilado más que su razón. Pero es prueba ordinaria que la humildad es para la joven ambición una escala, desde la cual el trepador vuelve el rostro; pero una vez en el más alto peldaño, da la espalda a la escala, alza la vista a las nubes y desdeña los bajos escalones por los cuales ascendió. Acaso lo haga César. Luego, so pena de que llegue a hacerlo, hay que evitarlo. Y pues la contienda no versará sobre lo que es él en sí, hay que darle esta forma: aumentando lo que él es, se precipitará a estos y aquellos extremos; y, por tanto, se le debe considerar como al huevo de la serpiente, que incubado, llegaría a ser peligroso, como todos los de su especie, y hay que matarlo en el cascarón. (*Vuelve a entrar Lucio.*)

Lucio.—La lámpara, señor, está encendida en vuestro retrete. Buscando una piedra de chispa en la ventana hallé este papel, sellado como veis. Estoy seguro de que no estaba allí cuando fuí a acostarme.

Bruto.—Vuelve a tu lecho, aún no es de día. Dime, ¿no son mañana los idus de marzo?

Lucio.—No lo sé, señor.

Bruto.—Busca en el calendario y avísame.

Lucio.—Lo haré, señor.

Bruto.—Las exhalaciones que silban por los aires dan tanta luz que bien podría leer con ella. (*Abre la carta y lee.*) "Bruto, estás dormido. Despierta y contémplate a ti mismo. Tendrá que permanecer Roma, etcétera. ¡Habla! ¡Hiere! ¡Haz justicia! Estás dormido, Bruto. ¡Despierta!" A menudo se han colocado instigaciones de esta clase allí adonde he debido tomarlas. "¿Tendrá que permanecer Roma, etcétera?" Luego de todo ello debo desentrañar esto: "¿Tendrá que permanecer Roma bajo el terror de un hombre?" ¡Qué! ¡Roma! Mis antepasados arrojaron de las calles de Roma a Tarquino cuando era llamado rey. "¡Habla! ¡Hiere! ¡Haz justicia!" ¿Se me suplica, pues, para que hiera? ¡Oh Roma! Te lo prometo. Si ha de ser para alcanzar justicia, recibe todo lo que pides de las manos de Bruto. (*Vuelve a entrar Lucio.*)

Lucio.—Señor, han pasado catorce días de marzo. (*Se oye un golpe.*)

Bruto.—Está bien. Ve a la puerta, alguien llama. (*Sale Lucio.*) Desde el momento en que Casio me excitó contra César no he dormido. Entre la ejecución de una cosa terrible y el primer móvil de ella, todo el intervalo es como un fantasma o como un horrible sueño. El genio y los instrumentos mortales se confrontan entonces; y el estado del hombre, como un pequeño reino, adolece de la naturaleza de una insurrección. *(Vuelve a entrar Lucio.)*

LUCIO.—Señor, es vuestro hermano Casio que está a la puerta y desea veros.

BRUTO.—¿Está solo?

LUCIO.—No, señor. Hay otros con él.

BRUTO.—¿Los conoces?

LUCIO.—No, señor. Tan oculta en el embozo llevan la mitad de la cara, que de modo alguno podría descubrirlos por sus fisonomías.

BRUTO.—Hazlos pasar. *(Sale Lucio.)* Son de la facción. ¡Oh conspiración! ¿Te avergüenzas acaso de mostrar tu peligroso ceño de noche, cuando en ella campea más libre el mal? ¿O bien dónde encontrarás de día una cueva bastante oscura para encubrir tu monstruosa faz? No la busques, ¡oh conspiración! Pon sobre tu rostro una máscara de sonrisas y afabilidad, porque a dejarte ver con tu natural aspecto, ni el mismo Erebo sería bastante oscuro para sustraerte a la desconfianza. *(Entran Casio, Casca, Decio, Cinna, Metelio Cimber y Trebonio.)*

CASIO.—Temo robaros el sueño con demasiado atrevimiento. Buenos días, Bruto, ¿os importunamos?

BRUTO.—He estado en pie hasta ahora; despierto toda la noche. ¿Conozco a estos hombres que os acompañan?

CASIO.—Sí, a cada uno de ellos. Y no hay uno solo entre todos que no os honre y venere; y cada cual desearía que tuvieseis de vos mismo la opinión que de vos tiene todo romano noble. Éste es Trebonio.

BRUTO.—Bien venido.

CASIO.—Éste, Decio Bruto.

Bruto.—Bien venido también.

Casio.—Éste es Casca; éste, Cinna; y éste, Metelio Cimber.

Casio.—Bien venidos son todos. ¿Qué vigilantes cuidados ahuyentan el reposo de vuestra noche?

Casio.—¿Permitís una palabra? *(Cuchichean.)*

Decio.—Aquí está el este. ¿No es aquí por donde despunta el día?

Casca.—No.

Cinna.—¡Oh! Perdonad, que sí; y aquellas líneas pardas que orlan las nubes son mensajeras del día.

Casca.—Habréis de confesar que uno y otro estáis equivocados. El sol se levanta allí donde apunto con mi espada, que es buen trecho hacia el sur, considerando la temprana estación del año. Dentro de unos dos meses presentará su fulgor más hacia el norte; y el alto oriente está, como el Capitolio, directamente aquí.

Bruto.—Dadme todos vuestra mano, uno por uno.

Casio.—Y juremos nuestra resolución.

Bruto.—No, nada de juramento. Si las miradas de los hombres, si el sufrimiento de nuestras almas, si los abusos del tiempo no son motivos bastante poderosos, dispersémonos, y que cada cual vuelva al ocioso descanso de su lecho. Así dejaremos a la tiranía previsora que escoja la mira hasta que caiga a su turno el último hombre. Pero si éstos tienen, como estoy seguro de ello, sobrado fuego para inflamar a los cobardes y para revestir de valor el ánimo desfalleciente de las mujeres, entonces, compatriotas, ¿qué habemos menester de más estímulo que nuestra propia causa para impulsarnos a hacer justicia? ¿Qué mejor lazo que el de secretos romanos que han dado su palabra y que no la burlarán? ¿Ni qué otro juramento que el compromiso de la honradez con la honradez para realizar esto o sucumbir por ello? Juren los sacerdotes y los cobardes, y los hombres recelosos, decrépitos, corrompidos, y las almas que en sus padecimientos buscan sendas torcidas. Juren en pro. de malas causas aquellos miserables que inspiran dudas a los hombres; pero no manchéis la clara virtud de nuestra empresa, ni la inquebrantable altivez de nuestros ánimos con el pensamiento de que nuestra causa o su ejecución necesitaban ser juradas; siendo así que cada gota de la sangre que cada romano lleva, y lleva noblemente, sería culpable de bastardía si él quebrantara la más leve parte de promesa alguna que hubiese hecho.

Casio.—Pero ¿qué hacer respecto de Cicerón? ¿Le sondearemos? Pienso que estará resueltamente con nosotros.

Casca.—No lo dejemos fuera.

Cinna.—No, de ningún modo.

Metelio.—¡Oh! Tengámosle, porque sus cabellos canos nos harán adquirir buena opinión y conseguirán que se levanten voces para encomiar nuestros hechos. Se dirá que nuestras manos han sido dirigidas por sus sentencias, y lejos de aparecer en lo menor nuestra juventud y fogosidad, desaparecerán por completo en su gravedad.

Bruto.—¡Oh! No mencionéis su nombre; pero no rompamos con él. Jamás seguirá cosa alguna principiada por otros.

Casio.—Entonces, dejadle fuera.

Casca.—En verdad no es hombre a propósito.

Decio.—¿No habrá de tocarse a hombre alguno, excepto César?

Casio.—Bien pensado, Decio. No juzgo oportuno que Marco Antonio, tan amado por César, le sobreviva. En él hallaríamos un astuto contendiente; y bien sabéis que si perfeccionase sus recursos, serían suficientes para fastidiarnos a todos. Pues para evitar esto, que César y Antonio caigan juntos.

Bruto.—Parecería demasiado sangriento nuestro plan, caro Casio, el cortar la cabeza y mutilar además los miembros. Sería algo como la ira en la muerte y la envidia después. Porque Antonio no es sino un miembro de César. Casio, seamos sacrificadores, no carniceros. Todos nos erguimos contra el espíritu de César; pero el espíritu de los hombres no tiene sangre. ¡Oh!, si pudiésemos por ello dominar el espíritu de César y no desmembrar a César. Pero, ¡ay!, César tiene por eso que derramar su sangre. Y benévolos amigos, matémosle audazmente, pero sin ira. Tratémosle como la vianda que se corta para los dioses, no como la osamenta que se arroja a los perros. Y hagan nuestros corazones lo que los amos astutos: excitar a sus sirvientes a un acto de furor, y después aparentar que se los reprueba. Así nuestro propósito aparecerá necesario, no envidioso. Y con tal apariencia a los ojos de las gentes, se nos llamará redentores, no asesinos. Y en cuanto a Marco Antonio, no penséis en él, porque no tendrá más poder que el brazo de César cuando la cabeza de César esté cortada.

Casio.—Y, sin embargo, le temo, a causa del profundo amor que tiene a César.

Bruto.—¡Ah, buén Casio!, no penséis en él. Si ama a César, lo más que podrá hacer será reflexionar dentro de sí mismo y morir por César. Y harto sería que lo hiciera, porque es hombre dado a juegos y disipación y a muchos camaradas.

Trebonio.—No ofrece peligro. No hay para que muera, desde que gusta de vivir y ha de reírse de esto después. *(Suena el reloj.)*

Bruto.—Silencio, contad la hora.

Casio.—Han dado las tres.

Trebonio.—Es tiempo de partir.

Casio.—Pero es de dudar si vendrá hoy César o no, porque de algún tiempo a esta parte se ha vuelto supersticioso. Alguna vez tuvo sobre la fantasía, los sueños y las ceremonias una opinión del todo diferente de la del vulgo; pero quizá estos prodigios aparentes, el

213

extraño terror de la noche y la persuasión de sus augures le hagan abstenerse de venir hoy al Capitolio.

Decio.—Perded cuidado. Si tal resolviera, yo prevalecería sobre él; porque se deleita en oír que se triunfa de los unicornios por medio de los árboles; de los osos, por los espejos; de los elefantes, por los fosos, y de los hombres, por la adulación. Y cuando digo que él detesta a los aduladores, afirma que sí, porque esto le lisonjea más. Dejadme hacer, que ya daré a su humor la disposición conveniente y le traeré al Capitolio.

Casio.—Allí estaremos todos para recibirlo.

Bruto.—A la hora octava. ¿Es ése el último término?

Cinna.—Sea el último, y no faltéis entonces.

Metelio.—Cayo Ligario tiene mala voluntad a César, que lo reprendió por haber hablado bien de Pompeyo. Me admira que ninguno de vosotros se haya acordado de él.

Bruto.—Id en seguida a encontrarlo, buen Metelio. Me profesa un afecto verdadero y ya me he explicado con él. Enviadle aquí, que yo le apercibiré.

Casio.—La mañana se nos viene encima y os dejaremos, Bruto. Amigos, dispersaos; pero recordad todos lo que habéis dicho y haced ver que sois verdaderos romanos.

Bruto.—Buenos caballeros, poned risueños y alegres los semblantes, sin dejar que el aspecto revele los propósitos; antes bien, llevadlos, como nuestros actores romanos, con entero aliento y con seria constancia. Y con esto os deseo buen día a cada uno. *(Salen todos, menos uno.)* ¡Muchacho! ¡Lucio! ¿Dormido como una piedra? No importa. Goza el dulce y pesado rocío del sueño. No tienes ni los cálculos ni las fantasías que el afanoso cuidado hace surgir en el cerebro de los hombres, y por eso tienes el sueño tan profundo. *(Entra Porcia.)*

Porcia.—Bruto, mi señor.

Bruto.—Porcia, ¿qué intentáis? ¿Y para qué os levantáis ahora? No es bueno para vuestra salud exponer vuestra delicada constitución al frío severo de la madrugada.

PORCIA.—Tampoco lo es para la vuestra. Os habéis deslizado fríamente de mi lecho; anoche, durante la cena, os levantasteis de repente y os pusisteis a pasear con los brazos cruzados, meditando y suspirando. Y cuando os pregunté lo que teníais, me mirasteis fijamente, con severidad. Insistí y os frotasteis la cabeza, y en un extremo de impaciencia golpeasteis el suelo con el pie. Volví a insistir de nuevo, y no me respondisteis, sino que con ademán encolerizado me hicisteis seña con la mano para que os dejara. Así lo hice, temiendo aumentar esa impaciencia que me parecía ya demasiado irritada; pero esperando a pesar de todo que no sería sino efecto del mal humor que a veces se apodera de todo hombre. Mas no os dejará comer, ni hablar, ni dormir; y si hubiera de hacer en vuestro semblante el mismo estrago que en vuestro ánimo, yo no podría conoceros. Bruto, señor y amado mío, dejadme saber la causa de vuestro pesar.

BRUTO.—No estoy bien de salud: no es nada más.

PORCIA.—Bruto es sensato, y a estar falto de salud, emplearía los medios de recobrarla.

BRUTO.—Así lo hago. Buena Porcia, id a vuestra cama.

PORCIA.—¿Bruto está enfermo? ¿Y es medicinal pasearse descubierto y absorber las emanaciones de la húmeda mañana? ¡Qué! ¿Está enfermo Bruto, y abandona su saludable lecho para afrontar los miasmas de la noche, exponerse al aire vaporoso e impuro, y agravar su enfermedad? No, Bruto mío. Es en vuestra alma donde hay alguna amarga dolencia, y yo por el derecho y virtud de mi puesto debo conocerla. Y os imploro de rodillas, en nombre de la belleza que algún día se elogiaba en mí; en nombre de vuestras protestas de amor y de aquel gran juramento que nos reunió haciendo de ambos uno sólo; os imploro para que descubráis ante mí, pues soy vuestra mitad, pues soy vos mismo, por qué estáis tan adusto;

y qué hombres se han dirigido a vos esta noche, puesto que había seis o siete de ellos que ocultaban sus rostros aun en medio de la oscuridad.

Bruto.—No os arrodilléis, gentil Porcia.

Porcia.—No lo necesitaría si Bruto fuera afable. Decidme, Bruto: dentro del vínculo del matrimonio ¿es de esperar que yo ignore secretos que os pertenecen? ¿O no soy parte de vos mismo sino de una manera limitada; sólo para acompañaros a la mesa, confortar vuestro lecho, y hablaros de cuando en cuando? ¿No hay sitio para mí sino en los confines de vuestra condescendencia? Si no es más que esto, Porcia es la manceba de Bruto, no su esposa.

Bruto.—Sois mi verdadera y honorable esposa, tan querida para mí como las gotas de sangre que afluyen a mi triste corazón.

Porcia.—Si esto fuera de verdad, sabría yo entonces este secreto. Mujer soy, es cierto; pero mujer a quien Bruto tomó por esposa. Soy mujer, es cierto; pero mujer bien conocida: hija de un Catón. ¿Pensáis que no seré más fuerte que mi sexo, teniendo tal padre y tal esposo? Decidme vuestros designios: no los revelaré. Harta prueba he dado de mi constancia, haciéndome voluntariamente una herida aquí en el muslo. ¿Puedo sobrellevar esto con paciencia, y no los secretos de mi esposo?

Bruto.—¡Oh dioses! ¡Hacedme digno de esta noble esposa! *(Se oye golpear dentro.)* Escucha, escucha; alguien llama. Retírate, Porcia, por un rato, y pronto compartirá mi corazón con el tuyo sus secretos. Te explicaré mis compromisos y todo el significado de mi tristeza. Vete aprisa. *(Sale Porcia. Entran Lucio y Ligario.)* Lucio: ¿quién llama?

Lucio.—Hay aquí un hombre enfermo que desea hablaros.

Bruto.—*(Aparte.)* Es Cayo Ligario, de quien habló Metelio. Muchacho, apártate. *(Sale Lucio.)* ¿Cayo Ligario?

LIGARIO.—Recibid el saludo matinal de una lengua débil.

BRUTO.—¡Oh! ¡Qué tiempo habéis escogido, valeroso Ligario, para llevar pañuelo! ¡Cuánto desearía que no estuvieseis enfermo!

LIGARIO.—No estoy enfermo, si Bruto tiene en mano alguna proeza digna del nombre del honor.

BRUTO.—La tengo, Ligario, si queréis oírla con sana disposición.

LIGARIO.—¡Por todos los dioses ante quienes se inclinan los romanos, aquí olvido mi dolencia! ¡Alma de Roma! ¡Valeroso hijo, nacido de dignos progenitores! Tú, como los exorcistas, has conjurado mi pesaroso espíritu. Pídeme ahora que entre en acción, y procuraré lo imposible: más; lo venceré. ¿Qué debo hacer?

BRUTO.—Una faena que tornará en hombres sanos a los enfermos.

LIGARIO.—Pero ¿no hay algunos sanos a quienes debemos tornar enfermos?

BRUTO.—También tendremos que hacerlo. Os revelaré esto, Cayo mío, mientras vamos hacia aquel en quien se deba realizar.

LIGARIO.—Avanzad audazmente; que yo con el corazón de nuevo inflamado, os seguiré para hacer no sé qué; pero me basta estar guiado por Bruto.

BRUTO.—Entonces, seguidme. *(Salen.)*

ESCENA II

Un cuarto en el palacio de César

Truenos y rayos. Entra CÉSAR *en traje de noche*

CÉSAR.—Ni cielo ni tierra han estado en paz esta noche. Tres veces ha clamado Calfurnia durante su sueño: "¡Auxilio, oh! ¡Asesinan a César!" ¿Quién va? *(Entra un criado.)*

CRIADO.—¿Señor?

CÉSAR.—Ve a decir a los sacerdotes que ofrezcan el sacrificio y me traigan su opinión sobre los sucesos.

CRIADO.—Voy en el acto, señor. *(Entra Calfurnia.)*

CALFURNIA.—César, ¿qué intentáis? ¿Pensáis salir? No, no os moveréis hoy de vuestra casa.

CÉSAR.—César saldrá. Jamás cosa alguna de cuantas me han amenazado, se me ha presentado de frente. Al ver el rostro de César, se desvanecen.

CALFURNIA.—Nunca di grande importancia a ritos y ceremonias; mas ahora me asustan. Fuera de las cosas que hemos oído y visto, cuéntanse las más horribles visiones como observadas por los guardias. Una leona ha dado nacimiento a sus cachorros en la calle; y se han entreabierto las tumbas y dejado salir los muertos. Feroces guerreros combatían airados entre las nubes, en filas, en escuadrones y en estricta forma militar, haciendo llover la ·sangre sobre el Capitolio. El fragor de la batalla atronaba el aire, y se oía el relinchar de los caballos y el quejido de los hombres moribundos, y los espectros daban alaridos por las calles. ¡Oh César! Éstas no son cosas usuales y me infunde temor.

CÉSAR.—¿Cómo evitar que se cumpla aquello que los dioses hayan dispuesto? César saldrá; pues esas predicciones tanto se dirigen a César como a todo el mundo.

CALFURNIA.—No es al morir los mendigos cuando se ve aparecer los cometas; pero los cielos mismos se inflaman para anunciar la muerte de los príncipes.

CÉSAR.—Los cobardes mueren muchas veces antes de perder la vida. Los valientes no experimentan la muerte sino una vez. De todas las maravillas que he oído, la que más extraña me parece es el que los hombres tengan miedo; pues la muerte es un fin necesario y cuando haya de venir, vendrá. *(Vuelve a entrar el criado.)* ¿Qué dicen los augures?

CRIADO.—No querrían veros salir hoy. Sacando las entrañas de la víctima ofrecida en el sacrificio, no pudieron encontrarle en el pecho el corazón.

CÉSAR.—Esto lo hacen los dioses para vergüenza de la cobardía. César sería una bestia sin corazón si dejase de salir hoy por miedo. No, César no lo hará. Bien saben los peligros que César es más peligroso que ellos. Somos leones gemelos; pero nací primero y soy el más terrible. ¡Y César saldrá!

CALFURNIA.—¡Ay! ¡La confianza impone silencio a vuestra prudencia! No salgáis hoy, mi señor. Llamad temor mío, no vuestro, lo que os retiene en casa. Enviaremos a Antonio al palacio del senado y dirá que no estáis bien de salud. Dejad que os ruegue de rodillas el concederme esto.

CÉSAR.—Marco Antonio dirá que no estoy bien y me quedaré en casa por complacerte. *(Entra Decio.)* He aquí a Decio Bruto que les dirá así.

DECIO.—Salud, ¡oh César! Buenos días, digno César. Vengo a conduciros al senado.

CÉSAR.—Y llegáis muy a tiempo para llevar mi saludo a los senadores y decirles que no iré hoy. Que no puedo, sería falso; y que no me atrevo, más falso aún. No iré hoy: decidles solamente esto.

CALFURNIA.—Decid que está enfermo.

CÉSAR.—¿César enviar una mentira? ¿He llevado tan lejos las conquistas de mi brazo, para que tema decirle la verdad a unos cuantos ancianos? Decio, id a decir que César no irá.

DECIO.—Dejadme alegar alguna causa, poderoso César, para que al dar el mensaje no se burlen de mí.

CÉSAR.—La causa es mi voluntad. No iré. Esto basta para satisfacer al senado. Mas para vuestra satisfacción particular os haré saber, pues os tengo en afecto, que es mi esposa Calfurnia quien me retiene en casa. Soñó anoche haber visto mi estatua, de la cual manaba, como de una fuente de cien bocas, un raudal de sangre; y a muchos vigorosos romanos venir a empapar sus manos en ella. Y creyendo que esto significa pronósticos, portentos y peligros inminentes, me ha suplicado de rodillas que permanezca hoy en casa.

Decio.—Errada interpretación ha dado al sueño. Ha sido más bien una buena y afortunada visión. Vuestra estatua manando sangre por cien partes, significa que la gran Roma recibirá por vos nueva sangre vivificadora; y que grandes hombres se apresurarán por obtener una tintura, una gota, un residuo. He ahí lo que significa el sueño de Calfurnia.

César.—Habéis dado así una buena explicación.

Decio.—Mejor la encontraréis cuando hayáis oído lo que aún tengo que decir. Sabedlo ahora: el senado ha resuelto dar hoy al poderoso César una corona. Si enviáis a decir que no iréis, podrían acaso variar de intento. Además sería un sarcasmo posible que alguno dijera: "Disolved el senado hasta nueva ocasión, cuando la esposa de César tenga mejores sueños." Si César se oculta, ¿no susurrarán entre ellos "César tiene miedo"? Perdonadme, César; pero mi amor, mi profundo amor por vuestros actos me impele a decíroslo, y siempre mi razón ha sido dócil a mis afectos.

César.—¡Qué pueriles aparecen ahora tus temores, Calfurnia! Me avergüenzo de haber cedido ante ellos. Dame mi manto porque voy a ir. *(Entran Publio, Bruto, Ligario, Metelio, Casca, Trebonio y Cinna.)* Y he aquí a Publio que viene a conducirme.

Publio.—Buenos días, César.

César.—Bien venido, Publio. ¡Qué! ¿También habéis madrugado, Bruto? Buenos días, Casca. Cayo Ligario, César nunca fué tan enemigo vuestro como esa fiebre que os trae tan extenuado. ¿Qué hora es?

Bruto.—César, han dado las ocho.

César.—Gracias por vuestra solicitud y cortesía. *(Entra*

Antonio.) Ved: Antonio, a pesar de que se divierte hasta tarde en la noche, está en pie. Buenos días, Antonio.

ANTONIO.—Así los tenga el muy noble César.

CÉSAR.—Invítalos a prepararse allá dentro. Hago mal en hacerme esperar así. Al momento, Cinna. Al momento, Metelio. ¡Qué! Trebonio, tengo en reserva para vos una hora de conversación. Acordaos de visitarme hoy. Colocaos cerca de mí para que lo recuerde.

TREBONIO.—Lo haré, César *(Aparte.),* y tan cerca, que vuestros mejores amigos hubieran querido verme más lejos.

CÉSAR.—Entrad, buenos amigos, y bebamos juntos un poco de vino; como buenos amigos iremos en seguida todos juntos.

BRUTO.—*(Aparte.)* ¡Oh César! El corazón de Bruto se contrista pensando que cada apariencia no es la misma realidad. *(Salen.)*

ESCENA III

Una calle cerca del Capitolio. La misma

Entra ARTEMIDORO *leyendo un papel*

ARTEMIDORO.—"César, desconfía de Bruto: vigila a Casio; no te acerques a Casca; observa a Cinna; no confíes en Trebonio; nota bien a Metelio Cimber; Decio Bruto no te ama; has ofendido a Cayo Ligario; todos estos hombres tienen un mismo pensamiento, y este pensamiento es contra César. Si no eres inmortal, precávete; la seguridad abre las puertas a la conspiración. Que los poderosos dioses te amparen.

"Tu admirador,

Artemidoro."

Me quedaré aquí hasta que pase César, y como uno del séquito, le daré esto. Mi corazón deplora que la virtud no pueda vivir libre de la mordedura de la envidia. Si lees esto, ¡oh César!, podrás vivir. Si no, los hados se habrán conjurado con los traidores. *(Sale.)*

ESCENA IV

Otra parte de la misma calle, delante de la casa de Bruto.
La misma

PORCIA.—Corre, corre, muchacho, al palacio del senado. No te detengas a responderme, ve al instante. ¿A qué te detienes?

LUCIO.—Para saber qué me encargáis, señora.

PORCIA.—Querría que pudieses ir y volver, aun antes de decirte lo que has de hacer allí. ¡Oh constancia! ¡Dame toda tu fuerza! Pon una montaña entera entre mi corazón y mi boca. Tengo la mente del hombre, pero la debilidad de la mujer. ¡Qué duro es para nosotras guardar secreto! ¿Todavía estás aquí?...

LUCIO.—Pero ¿qué haré señora? ¿Nada más que correr al Capitolio? ¿Y regresar lo mismo que he ido, y nada más?

PORCIA.—Sí, y avísame si tu amo parece bien, porque se fué un poco enfermo; y observa bien lo que hace César, y qué séquito le rodea. ¡Escucha! ¿Qué ruido es ése?

LUCIO.—No alcanzo a oír nada, señora. *(Entra el adivino.)*

PORCIA.—Acércate, mozo. ¿Por dónde has andado?

ADIVINO.—En mi propia casa, señora.

PORCIA.—¿Qué hora es?

ADIVINO.—Cerca de las nueve, señora.

PORCIA.—¿Ha ido ya César al Capitolio?

ADIVINO.—Todavía no, señora. Voy a tomar un sitio para verle pasar al Capitolio.

PORCIA.—¿Tienes algún lugar en el séquito de César? ¿No es así?

ADIVINO.—Lo tengo, señora; y si César quiere ser tan bueno.para César, que me preste oído, le suplicaré que vele por sí propio.

PORCIA.—¡Qué! ¿Sabes acaso que se intente hacerle algún mal?

ADIVINO.—Ninguno, que yo sepa; pero alguno muy grande que temo podría acontecerle. Aquí la calle es angosta y la muchedumbre de senadores, pretores y secuaces comunes que se agrupan tras de los pasos de César, oprimirán a un hombre débil, quizá hasta ahogarlo. Me iré a un sitio más despejado, y desde allí hablaré al gran César cuando pase.

PORCIA.—Debo retirarme. ¡Ay de mí! ¡Qué débil cosa es el corazón de la mujer! ¡Oh Bruto! ¡Los cielos te amparen en tu empresa! Sin duda el muchacho me oyó decir: "Bruto tiene un séquito que no puede agradar a César." ¡Oh, siento que me desmayo! Corre, Lucio, y hazme presente a mi señor; dile que estoy alegre, y vuelve pronto, y repíteme lo que te habrá dicho. *(Salen.)*

ACTO TERCERO

ESCENA PRIMERA

El Capitolio de Roma. El senado en sesión

Muchedumbre de pueblo en la calle que conduce al Capitolio, y entre ellos Artemidoro *y el* Adivino. *Preludios. Entran* César, Bruto, Casio, Casca, Decio, Metelio, Trebonio, Cinna, Antonio, Lépido, Popilio, Publio *y otros*

César.—Han llegado los idus de Marzo.

Adivino.—Sí, César; pero no han pasado.

Artemidoro.—Salve, César. Leed este papel.

Decio.—Trebonio desea que paséis la vista, cuando tengáis holgura para ello, sobre esta su humilde petición.

Artemidoro.—¡Oh César! Leed primero la mía, porque es una solicitud que concierne más de cerca a César. Leedla, gran César.

César.—Lo que concierne personalmente a nos se debe dejar para lo último.

Artemidoro.—No tardéis, César. Leed al instante.

César.—¡Qué! ¿Está loco este mozo?

Publio.—¡Apártate, malandrín!

Casio.—¡Qué! ¿Instáis vuestras peticiones en la calle? Venid al Capitolio. *(César entra al Capitolio. Los demás le siguen. Los senadores se ponen en pie.)*

Popilio.—Deseo que vuestra empresa hoy prospere.

Casio.—¿Qué empresa, Popilio?

Popilio.—Que os vaya bien. *(Avanza hacia César.)*

Bruto.—¿Qué dijo Popilio Lena?

Casio.—Dijo que deseaba que nuestra empresa hoy

224

prosperase. Temo que haya sido descubierto nuestro intento.

BRUTO.—Mira cómo se acerca a César: obsérvalo.

CASIO.—Casca, sé rápido, pues tememos la alarma. Bruto, ¿qué se debe hacer? Si esto se llega a saber, o Casio o César no volverán jamás; pues me quitaré la vida.

BRUTO.—Sé constante, Casio. No es de nuestro proyecto de lo que habla Popilio Lena; porque, como ves, se sonríe y César no cambia de aspecto.

CASIO.—Trebonio conoce su oportunidad: ved, Bruto, cómo se lleva afuera a Marco Antonio. *(Salen Antonio y Trebonio. César y los senadores se sientan.)*

DECIO.—¿Dónde está Metelio Cimber? Que llegue y presente ahora su petición a César.

BRUTO.—Ya se ha dirigido allí. Poneos junto a él y secundadle.

CINNA.—Casca, sois el primero que alzará su mano.

CÉSAR.—¿Estamos prontos? ¿Hay cosa alguna errada, que César y su senado deban rectificar?

METELIO.—Muy alto, muy noble y muy poderoso César, Metelio Cimber depone a tus plantas un humilde corazón. *(Se arrodilla.)*

CÉSAR.—Debo advertirte, Cimber, que estas genuflexiones y bajas cortesías podrían inflamar la sangre de las gentes vulgares y convertir la preeminencia y el primer rango en juguetes pueriles. No te lisonjees con la idea de que César lleva en sí una sangre que pueda cambiar de su verdadera calidad, por lo que hace bullir la sangre de los necios: quiero decir por las palabras almibaradas, las reverencias humillantes y las lisonjas bajas y rastreras. Tu hermano está expatriado por un decreto. Si te abajas y ruegas y adulas por él, te echo fuera de mi camino como a un perro. Entiende que César no hace injusticias; ni se dará por satisfecho sin motivo.

METELIO.—¿No hay voz más digna que la mía para

que suene más grata a los oídos del gran César, al pedir la vuelta de mi hermano desterrado?

Bruto.—Beso tu mano, pero sin adulación, César; deseando que otorgues a Publio Cimber la inmediata libertad de regresar.

César.—¡Qué! ¡Bruto!

Casio.—Perdona, César, perdona. Casio se pone a tus pies para implorar la libertad de Publio Cimber.

César.—Podría conmoverme si fuera yo como vosotros, y los ruegos me conmoverían si yo pudiera rogar para conmover. Pero soy constante como la estrella del norte, cuya fijeza e inmutable condición no tiene semejanza en el firmamento. Esmaltado le veis con innumerables chispas, todas inflamadas y brillante cada una, pero entre todas, una, sólo una, mantiene su lugar. Y así sucede en el mundo. Está bien provisto de hombres, y los hombres son de carne y sangre, y vacilantes. Sin embargo, entre todos conozco a uno, sólo uno que mantiene su rango incontrastable, superior a toda conmoción. Y que ese uno soy yo lo mostraré un poco aun en esto: que he sido constante en que se desterrase a Cimber, y permanezco constante en mantenerlo así.

Cinna.—¡Oh César!

César.—¡Fuera de aquí! ¿Quieres levantar el Olimpo?

Decio.—¡Gran César!

César.—¿No está Bruto inútilmente de rodillas?

Casca.—Hablen por mí mis manos (*Casca hiere a César en el cuello. César lo toma por el brazo. Hiriéndole entonces otros conspiradores, y por último Marco Bruto.*)

César.—¿También tú, Bruto? ¡César, déjate morir! (*Muere. Los senadores y el pueblo se retiran en confusión.*)

Cinna.—¡Libertad! ¡Libertad! ¡La tiranía ha muerto! Corred, proclamadlo, pregonadlo por las calles.

Casio.—Que vayan algunos a las tribunas populares y griten: "¡Libertad y emancipación!"

BRUTO.—Pueblo y senadores, no os asustéis. No huyáis, estad quedos. La ambición ha pagado su deuda.

CASCA.—Id a la tribuna, Bruto.

DECIO.—Y Casio también.

BRUTO.—¿Dónde está Publio?

CINNA.—Aquí, enteramente azorado con este tumulto.

METELIO.—Permaneced bien juntos, no sea que algún amigo de César pudiera...

BRUTO.—¡No habléis de permanecer así! Buen ánimo, Publio. Ningún mal se intenta contra vuestra persona ni contra la de ningún romano. Decidlo así a todos.

CASIO.—Y dejadnos, Publio, pues si el pueblo se precipitara hacia nosotros, podría ocasionar algún daño a vuestra avanzada edad.

BRUTO.—Hacedlo así, y que ningún hombre responda de lo acontecido, sino nosotros que lo hemos hecho. *(Vuelve a entrar Trebonio.)*

CASIO.—¿Dónde está Antonio?

TREBONIO.—Huyó azorado a su casa. Hombres, esposas y niños miran asombrados, vociferan y corren como si fuera el día final.

BRUTO.—¡Hados!, conocemos vuestra voluntad. Que tenemos que morir, lo sabemos. Sólo ignoramos el tiempo y cuáles días de los que los hombres cuentan como suyos han de ser sorteados.

CASIO.—¡Bah! El que suprime veinte años de vida, suprime veinte años de estar temiendo la muerte.

BRUTO.—Reconoce eso y entonces la muerte es ya un beneficio. Así somos amigos de César, habiendo abreviado el tiempo en que había de temer la muerte. Inclinaos, romanos, inclinaos, y bañemos nuestras manos y nuestros brazos en la sangre de César, y empapemos en ella nuestras espadas, y salgamos hasta la misma plaza del mercado, y, agitando nuestras armas enrojecidas por encima de nuestras cabezas, gritemos: "Paz, independencia y libertad."

CASIO.—Inclinaos, pues, y lavaos con su sangre. ¡Dentro de cuántas edades se volverá a representar esta nuestra grandiosa escena en naciones aún no nacidas y en idiomas que están aún por crearse!

BRUTO.—¡Cuántas veces se verá en esos juegos futuros desangrar a César, que yace ahora al pie de la base de de Pompeyo, no menos insignificante que un puñado de polvo!

CASIO.—Y cuantas veces suceda, otras tantas nuestro grupo será apellidado el de los hombres que libertaron nuestra patria.

DECIO.—Y bien, ¿saldremos?

CASIO.—Sí, en marcha todo hombre. Bruto irá a la cabeza, y nosotros honraremos sus huellas con los más intrépidos y mejores corazones de Roma. *(Entra un criado.)*

BRUTO.—Despacio. ¿Quién viene? Un amigo de Antonio.

CRIADO.—Así, ¡oh Bruto!, me encargó mi señor que me arrodillase. Así me encargó Marco Antonio prosternarme, y, una vez postrado, que dijera estas palabras: Bruto es noble, prudente, valeroso y honrado. César era poderoso, audaz, regio y afectuoso. Di que amo a Bruto y le venero. Di que temía a César, le veneraba y le amaba. Si Bruto promete que Antonio podrá venir sin peligro a su presencia, y que se le hará comprender cómo César había merecido la muerte, Marco Antonio no amará más a César muerto que a Bruto vivo, sino que seguirá con entera lealtad los trabajos y la suerte del noble Bruto a través de los azares de este nuevo estado. Esto dice Antonio, mi señor.

BRUTO.—Tu señor es un romano sensato y valeroso. Nunca pensé menos de él. Dile que si gusta venir aquí, será satisfecho, y, sobre mi honor, volverá ileso.

CRIADO.—Le conduciré en seguida. *(Sale el criado.)*

Bruto.—Conozco que nos conviene tenerlo de amigo seguro.

Casio.—Me alegraría de que se pudiera. Sin embargo, tengo cierta inclinación a considerarlo como muy de temer, y mi recelo persiste en venir maliciosamente al propósito. *(Vuelve a entrar Antonio.)*

Bruto.—He aquí a Antonio que viene. Bien venido, Marco Antonio.

Antonio.—¡Oh poderoso César! ¿Y yaces tan abatido? Todas tus conquistas, glorias, triunfos, despojos, ¿han venido a reducirse a esta mezquina condición? Adiós. Ignoro, caballeros, vuestros designios; quién otro deberá verter su sangre, quién está designado. Si lo estoy yo, ninguna hora mejor que la que he visto morir a César, ni instrumento que sea la mitad de digno que esas vuestras espadas, enriquecidas ya con la más noble sangre que hay en el mundo entero. Si me tenéis aversión, os ruego satisfacer vuestro deseo ahora que vuestras manos enrojecidas exhalan todavía el vapor de la sangre. Si hubiera de vivir mil años, jamás me encontraría tan dispuesto a morir como en este momento. Ningún lugar me agradaría tanto como éste al lado de César; ningún modo de muerte como el recibirla de vosotros, los genios superiores y escogidos de esta edad.

Bruto.—¡Oh Antonio! No implores de nosotros la muerte. Aunque ahora tenemos que parecer sanguinarios y crueles como lo veis por nuestras manos y por este acto nuestro, vos no veis sino las manos y la acción sangrienta que han ejecutado. No veis nuestros corazones. Están llenos de compasión; y la compasión por el infortunio general de Roma, que así como el fuego ahoga al fuego, ahoga la compasión a la compasión, ha consumado este hecho en César. En cuanto a vos, nuestras espadas no tienen punta para dañaros, Marco Antonio. Nuestros brazos, seguros contra la malicia, y nuestros corazones de fraternal genialidad os reciben con todo benévolo afecto, con sana intención y reverencia.

Casio.—Vuestra voz alcanzará tanto poder como la de cualquier otro hombre en la distribución de nuevas dignidades.

Bruto.—Tened solamente paciencia hasta que hayamos apaciguado a la multitud, enajenada de espanto, y entonces os presentaremos la causa por cual yo, que amaba a César en el momento de herirlo, he procedido así.

Antonio.—No dudo de vuestra rectitud. Deme cada uno su ensangrentada mano. Primero estrecharé la vuestra, Marco Bruto; en seguida la vuestra, Cayo Casio. Ahora a vos, Decio Bruto, y a vos ahora, Metelio; vuestra mano, Cinna, y, mi valeroso Casca, la vuestra. Y último, aunque no inferior en mi afecto, la vuestra, buen Trebonio. Caballeros, todos, ¡ay!, ¿qué diré? Mi crédito se asienta hoy en tan resbaladizo terreno que sólo podréis considerarme de uno de dos tristes modos: o cobarde o adulador. Si; es verdad que te amé, ¡oh César! Y si ahora tu espíritu nos contempla, ¿no te afligirá, aún más que su muerte, ver a Antonio hacer las paces y estrechar las manos sangrientas de tus adversarios, ¡oh tu, el más noble de los hombres!, en presencia de tu cadáver? Si tuviera yo tantos ojos como heridas tienes, y vertiera por ellos tantas lágrimas como sangre han manado éstas, me estaría mejor que unirme en lazos de amistad con tus enemigos. Aquí fuiste cercado, bravo ciervo, y aquí caíste, y aquí están tus cazadores, puestas sus señales en tus despojos y enrojecidos con tu muerte. Tú eras el bosque de este ciervo, ¡oh mundo!, y él era, en verdad, tu corazón. ¡Qué semejante al ciervo herido por muchos príncipes yaces aquí!

Casio.—Marco Antonio.

Antonio.—Perdonadme, Cayo Casio. Los mismos enemigos de César han de decirlo, y por tanto, en boca de un amigo, no es más que fría modestia.

Casio.—Nos os censuro porque elogiéis así a César. Pero ¿qué alianza pensáis tener con nosotros? ¿Queréis ser contado en el número de nuestros amigos? ¿O seguiremos adelante sin confiar en vos?

Antonio.—Por eso os estreché las manos. Pero en verdad me distrajo el ver cómo yace César. Amigo soy de todos, a todos os amo en la esperanza de que me daréis las razones de por qué y cómo era peligroso César.

Bruto.—Y de no serlo, éste sería un espectáculo salvaje. Nuestras razones abundan tanto en realidad que quedaríais satisfecho, Antonio, aun cuando fuerais el hijo de César.

Antonio.—Eso es todo lo que busco. Y además, solicito poder exhibir su cuerpo en la plaza del mercado, y hablar en la tribuna, como cumple a un amigo, en el orden de su funeral.

Bruto.—Lo harás, Marco Antonio.

Casio.—Bruto, quiero deciros una palabra. *(Aparte.)* No sabéis lo que estáis haciendo. No consintáis en que hable Antonio en el funeral. ¿Sabéis hasta qué grado se podrá conmover el pueblo con lo que él diga?

Bruto.—*(Aparte.)* Con vuestro permiso. Yo ocuparé primero la tribuna y explicaré la causa de la muerte de César. Haré constar que Antonio hablará con nuestra venia y consentimiento y que nos complacemos en que César tenga todos los ritos y ceremonias legales. Esto, nos hará más provecho que daño.

Casio.—*(Aparte.)* No sé lo que pueda acontecer. Esto no me place.

Bruto.—Marco Antonio, tomad aquí el cuerpo de César. En vuestra oración fúnebre no nos censuréis, pero hablaréis de César todo el bien que podáis, y diréis que para ello os hemos dado permiso. De otro modo no tendréis parte alguna en este funeral. Y hablaréis en la misma tribuna que yo, después de terminar mi discurso.

Antonio.—Sea así. No deseo más.

Bruto.—Preparad, pues, el cadáver y seguidnos. *(Salen todos, excepto Antonio.)*

Antonio.—Perdóname, ¡oh despojo desangrado!, si soy manso y gentil con estos carniceros. Reliquia eres del hombre más noble que jamás vieron los tiempos. ¡Ay de la mano que derramó esta valiosa sangre! Ante tus heridas frescas aún, que abren sus labios enrojecidos como bocas mudas implorando de mi lengua la voz y la expresión, hago ahora esta profecía: caerá una maldición sobre los miembros de los hombres; el furor intestino y la cruel guerra civil arrasarán todas las partes de Italia; la sangre y la destrucción serán tan habituales, y los objetos terribles tan familiares, que las madres no harán más que sonreír cuando vean a sus pequeñuelos descuartizados por la mano de la guerra; la costumbre de los hechos atroces ahogará toda piedad; el espíritu de César, ávido de venganza, discurrirá teniendo a su lado a Atos acabada de salir del infierno, y gritará en todos estos confines con voz de monarca: "¡Destrucción!", y soltará los perros de la guerra; y que este crimen trascenderá por sobre la tierra en el quejido de los moribundos implorando un sepulcro. *(Entra un criado.)* Tú sirves a Octavio César, ¿no es así?

Criado.—Así es, Marco Antonio.

Antonio.—César escribió para que vinieses a Roma.

Criado.—Recibió las cartas y está en camino, y me encargó deciros de palabra...¡Oh César! *(Viendo el cadáver.)*

Antonio.—Tienes henchido el corazón. Apártate y llora. Veo que la pasión es contagiosa, porque al ver las lágrimas que llenan tus ojos, siento que los míos se humedecen. ¿Viene tu señor?

Criado.—Esta noche estará a menos de siete leguas de Roma.

Antonio.—Pues vuela a encontrarlo y dile lo que ha acontecido. Hay una Roma enlutada, una Roma peligro-

sa, pero todavía no hay para Octavio una Roma segura.
Sal de aquí y dile esto. Pero, quédate un momento. No
tornarás hasta que haya yo llevado este cadáver a la plaza
del mercado; allí sondearé con mi discurso el modo cómo
el pueblo ha recibido la cruel resolución de estos hombres sanguinarios, y según lo que sea, explicarás al joven
Octavio el estado de las cosas. Ayúdame. *(Salen llevando
el cuerpo de César.)*

ESCENA II

El foro

Entran Bruto, Casio *y un grupo de* Ciudadanos

Ciudadano.—¡Queremos satisfacernos! ¡Que se nos sa-
tisfaga...!

Bruto.—Pues bien; seguidme y escuchadme, amigos.
Casio, id a la otra calle, y quede dividido el auditorio.
Permanezcan aquí los que desean oírme, y acompañen
a Casio los que quieran seguirle, y se darán públicamente
las razones de la muerte de César.

Ciudadano 1.º—Quiero oír hablar a Bruto.

Ciudadano 2.º—Quiero oír a Casio, y comparar sus
razones cuando hayamos oído a uno y otro. *(Sale Casio
con algunos ciudadanos. Bruto va al rostrum.)*

Ciudadano 3.º—El noble Bruto ha subido. ¡Silencio!

Bruto.—¡Tened paciencia hasta el fin, romanos, compatriotas y amigos! Escuchadme en mi causa, y guardad
silencio para que podáis escuchar; creedme por mi honor,
y respetad mi honor para que creáis; censuradme en
vuestra sensatez, y despertad vuestros sentidos para juz-
gar mejor. Si hubiere en esta asamblea algún amigo de
César, a él me dirijo para decirle que él no amaba a
César más que Bruto. Y si ese amigo pregunta por qué
se levantó Bruto contra César, he aquí mi respuesta: no

porque amara menos a César, sino porque amaba más a Roma. ¿Querríais más bien que viviera César y morir esclavos todos, que ver morir a César y vivir todos como hombres libres? Puesto que César me amaba, le lloro; de que fué afortunado me regocijo; como a valiente le honro, pero como a ambicioso le maté. Hay lágrimas para su afecto, alegría para su fortuna, honra para su valor y muerte para su ambición. ¿Quién hay aquí tan bajo que quisiera ser siervo? Si lo hay, que hable, pues a ése he ofendido. ¿Quién hay aquí tan embrutecido que no quisiera ser romano? Si lo hay, que hable, pues a ése he ofendido también. ¿Quién hay aquí tan vil que no ame a su patria? Si lo hay, que hable, pues también le he ofendido. Me detengo para esperar respuesta.

CIUDADANOS.—*(Hablan muchos a un tiempo.)* Ninguno, Bruto, ninguno.

BRUTO.—Entonces a ninguno he ofendido. No he hecho a César sino lo que haríais a Bruto. La cuestión de su muerte está inscrita en el Capitolio: no disminuída su gloria en cuanto era digno de ella, ni exageradas las ofensas por las cuales sufrió la muerte. *(Entran Antonio y otros con el cuerpo de César.)* Aquí viene su cadáver escoltado por Marco Antonio. Ninguna parte tuvo éste en su muerte, y, sin embargo, goza del beneficio de ella, ocupando un puesto en la comunidad. ¿Y cuál de vosotros no lo obtendría también? Y me despido protestando que si sólo por el bien de Roma maté al hombre a quien más amaba, tengo la misma arma para mí propio cuando la patria necesite mi muerte.

CIUDADANOS.—¡Viva Bruto! ¡Viva, viva!

CIUDADANO 1.º—Llevémosle en triunfo hasta su casa.

CIUDADANO 2.º—Erigidle una estatua junto a las de sus antepasados.

CIUDADANO 3.º—Hagámosle César.

CIUDADANO 4.º—Y lo que había de mejor en César, será ahora coronado en Bruto.

CIUDADANO 1.º—Le llevaremos a su casa con vítores y y aclamaciones.

BRUTO.—Compatriotas míos...

CIUDADANO 2.º—¡Orden! ¡Silencio! Bruto habla.

BRUTO.—Mis buenos compatriotas, dejadme partir solo, y por merced a mí quedaos aquí con Antonio. Haced honor al cuerpo de César, y a la oración de Antonio encaminada a la gloria de César. Hácela con nuestro beneplácito y le hemos dado permiso para pronunciarla. Os ruego que ningún hombre se ausente, excepto yo, hasta que Antonio haya hablado.

CIUDADANO 1.º— Quedémonos para oír a Marco Antonio.

CIUDADANO 3.º—Que suba a la tribuna pública y le oiremos. Noble Antonio, subid.

ANTONIO.—Por consideración a Bruto, me veis en presencia vuestra.

CIUDADANO 4.º—Lo mejor sería que no hablase aquí mal de Bruto.

CIUDADANO 1.º—Este César era un tirano.

CIUDADANO 3.º—No hay duda de ello. Es una bendición para nosotros que Roma se haya librado de él.

CIUDADANO 2.º—¡Silencio! Oigamos lo que puede decir Antonio.

ANTONIO.—Amigos, romanos, compatriotas, prestadme atención. Vengo a sepultar a César, no a ensalzarle. El mal que los hombres hacen les sobrevive; el bien es a menudo enterrado con sus huesos. Sea también así con César. El noble Bruto os ha dicho que César era ambicioso. Si tal ha sido, su falta fué muy grave, y la habrá pagado terriblemente. Ahora, con permiso de Bruto y los demás, porque Bruto es un hombre honorable, y honorables son todos aquellos, todos, vengo a hablar en el funeral de César. Amigo mío era, leal y justo para mí, pero Bruto dice que era ambicioso, y Bruto es un hombre honorable. Muchos cautivos trajo a Roma, y con sus res cates llenó las arcas públicas. ¿Pareció esto ambicioso en César? Las lágrimas de los pobres hacían llorar a César, y la ambición debería ser de índole más dura. Sin embargo, Bruto dice que era ambicioso, y Bruto es hombre honorable. Todos habéis visto cómo en la fiesta lupercalia le presenté tres veces una corona real, y cómo la rehusó tres veces. ¿Era esto ambición? Sin embargo, Bruto dice que era ambicioso, y por cierto que él es un hombre honorable. No hablo para reprobar lo que habló Bruto, pero estoy aquí para decir lo que sé. Todos le amasteis un día y no fué sin motivo. ¿Qué causa os retiene, pues, para no llevar luto por él? ¡Oh discernimiento! ¡Has ido a albergarte en los animales inferiores, y los hombres han perdido la razón! Toleradme, porque mi corazón está allí, en ese féretro, con César, y he de detenerme hasta que vuelva a mí.

Ciudadano 1.º—Parece que hay mucho de verdad en lo que dice.

Ciudadano 2.º—Bien pensado, se ha hecho grande injusticia a César.

Ciudadano 3.º—¿En verdad, señores? Pues temo que en lugar suyo venga alguno peor.

Ciudadano 4.º—¿Te has fijado en sus palabras? No quiso tomar la corona. Luego de seguro que no era ambicioso.

Ciudadano 1.º—¡Si resulta así, alguien lo ha de pagar bien caro!

Ciudadano.—2.º—¡Pobre hombre! Tiene enrojecidos los ojos de llorar.

Ciudadano 3.º—No hay en Roma hombre más noble que Antonio.

Ciudadano 4.º—Observémosle ahora. Vuelve a hablar.

Antonio.—Sólo ayer, la palabra de César habría hecho frente al mundo todo, y hele allí que yace ahora sin que haya uno solo bastante humilde para rendirle homenaje. ¡Oh señores! Si estuviera dispuesto a conmover

vuestros corazones y vuestra mente y arrastrarlos a la cólera y al tumulto, haría injusticia a Bruto e injusticia a
Casio, y todos sabéis bien que son hombres honorables.
No quiero ser injusto para con ellos. Prefiero serlo para
con el muerto, para conmigo mismo y para con vosotros,
antes que para hombres tan honorables. Pero tengo aquí
un pergamino con el sello de César. Lo encontré en su
retrete y es su testamento. Permitid que oigan su última
voluntad los ciudadanos, si bien, con vuestro permiso,
no me propongo leerlo, e irán a besar las heridas de
César muerto, y mojarán sus telas en su sagrada sangre,
sí, y mendigarán uno solo de sus cabellos como memoria
y al morir lo mencionarán en sus testamentos como rico
legado a sus sucesores.

CIUDADANO 4.º—Queremos oír el testamento. Leedlo,
Marco Antonio.

CIUDADANOS.—¡El testamento! ¡El testamento! ¡Queremos oír el testamento!

ANTONIO.—Tened paciencia, benévolos amigos; no debo
leerlo. No es oportuno que sepáis hasta qué punto os amó
César. No sois leños, no sois piedras; sois hombres, y
como hombres, al oír el testamento de César, os senti-
ríais inflamados, exasperados por la indignación. No es
bueno haceros saber que sois sus herederos, pues a saberlo, ¿qué no podría resultar?

CIUDADANO 4.º—Leed el testamento. Queremos oírlo,
Antonio. Habéis de leernos el testamento, el testamento
de César.

CIUDADANOS.— ¡El testamento! ¡El testamento!

ANTONIO.—¿Queréis tener paciencia? ¿Pernaneceréis
tranquilos un rato? Me he dejado llevar más allá de mi
intento al deciros eso. Temo hacer mal a los hombres
honorables cuyos puñales hirieron a César. Lo temo.

CIUDADANO 4.º—¡Eran traidores! ¡Hombres honorables!

CIUDADANOS.—¡El testamento! ¡La última voluntad!

ANTONIO.—¿Queréis forzarme, pues, a leer el testamento? Rodear entonces el cadáver y dejadme mostraros a aquel que hizo el testamento. ¿Me daréis permiso para bajar?

CIUDADANOS.—¡Bajad!

CIUDADANO 2.º—¡Descended!

CIUDADANO 3.º—Tenéis el permiso.

CIUDADANO 4.º—Hagamos rueda. Poneos alrededor.

CIUDADANO 1.º—Apartaos un tanto del cadáver y del féretro.

CIUDADANO 2.º—Haced lugar para Antonio, para el muy noble Antonio.

ANTONIO.—No os agolpéis tanto sobre mí. Teneos a distancia.

CIUDADANOS—¡Atrás! ¡Haced sitio! ¡Retroceded!

ANTONIO.—Si tenéis lágrimas, preparaos a verterlas. Todos conocéis este manto. Recuerdo cuando César lo llevó por primera vez. Era una tarde de verano, en su tienda. Ese día venció a los nervos. Ved; por aquí penetró el puñal de Casio. Mirad qué rasgadura hizo el envidioso Casca. Por esta otra hirió Bruto, el bien amado. Y observad cómo al retirar su maldito acero, la sangre de César parece haberse lanzado en pos de éste, como para cerciorarse de si era Bruto en verdad quien le había abierto tan odiosamente la puerta. Porque Bruto, bien lo sabéis, era el ángel de César. ¡Juzgad, oh dioses, qué entrañablemente le amaba César! Ésa fué la más cruel herida de todas. Porque cuando el noble César vió que él también le hería, la ingratitud, más fuerte que los brazos de los traidores, le abrumó completamente. Y estalló entonces su poderoso corazón, y envolviendo su rostro con el manto, cayó el gran César en la base de la estatua de Pompeyo, inundada de sangre. ¡Oh, que caída, compatriotas! Allí vosotros y yo caímos, y la traición sangrienta triunfó sobre nuestras cabezas. ¡Oh! Ahora lloráis; veo que la piedad os mueve, y esas lágrimas son bondadosas. Pero ¡qué! ¡Lloráis, almas benévolas, cuando veis solamente la desgarrada vestidura de César! Mirad aquí, aquí está él mismo, acribillado por los traidores.

CIUDADANO 1.º—¡Qué triste espectáculo!

CIUDADANO 2.º—¡Oh noble César!

CIUDADANO 3.º—¡Oh desgraciado día!

CIUDADANO 4.º—¡Oh traidores! ¡Villanos!

CIUDADANO 1.º—¡Oh sangriento cuadro!

CIUDADANO 3.º—Seremos vengados. ¡Venganza! Buscad, registrad, incendiad, matad. ¡Que no quede un traidor vivo!

ANTONIO.—Quedaos, compatriotas.

CIUDADANO 1.º—Guardad silencio. Oigamos al noble Antonio.

CIUDADANO 2.º—Le oiremos y le seguiremos, y moriremos con él.

ANTONIO.—Buenos amigos, caros amigos, no anhelo agitaros con semejante irrupción y tumulto. Aquellos que han consumado este hecho son honorables. Qué secretos agravios tenían para hacer esto, ¡ay!, no lo sé. Ellos son discretos y honorables, y, sin duda, os responderán con razones. No vengo, amigos, a seducir vuestros corazones. Yo no soy orador, como Bruto, y todos me conocéis como un hombre sencillo y rudo que amaba a su amigo. Y bien lo sabían los que me dieron públicamente permiso para hablar de él; porque no tengo el talento, ni la elocuencia, ni la valía, ni la acción, ni la fuerza de la palabra, para sublevar la sangre de los hombres. Hablo sin rodeos, y sólo os digo aquello que todos sabéis: os muestro las heridas del afectuoso César, estas pobres bocas mudas, y les pido que hablen por mí. Que si yo fuera Bruto, y Bruto fuera Antonio, habría un Antonio que sublevaría vuestros ánimos y pondría una lengua en cada herida de César capaz de hacer moverse y amotinarse hasta las piedras de Roma.

CIUDADANOS.—¡Nos levantaremos!

CIUDADANO 1.º—¡Quemaremos la casa de Bruto!

Ciudadano 3.º—¡Pues vamos! Busquemos a los conspiradores.

Antonio.—Oídme aún, compatriotas; oídme unas palabras más.

Ciudadanos.—¡Silencio! Oíd a Antonio, al muy noble Antonio.

Antonio.—Pero, amigos, os lanzáis a hacer no sabéis qué. ¿Qué ha hecho César para merecer así vuestros afectos? ¡Ay! No sabéis aún, debo decíroslo; habéis olvidado el testamento de que os hablé.

Ciudadanos.—Muy cierto. El testamento. Quedémonos a oír el testamento.

Antonio.—Helo aquí, y bajo el sello de César. Da a cada ciudadano romano, a cada hombre, setenta y cinco dracmas.

Ciudadano 2.º—¡Qué noble César! ¡Vengaremos su muerte!

Ciudadano 3.º—¡Qué regio César!

Antonio.—Escuchadme con paciencia.

Ciudadanos.—¡Silencio! ¡Silencio!

Antonio.—Os ha dejado además todos sus paseos, sus parques particulares y sus huertos recién plantados en este lado del Tíber; los ha dejado a perpetuidad para vosotros y vuestros herederos, como parques públicos, para pasearos y solazaros en ellos. He ahí lo que ha sido César. ¿Cuándo vendrá uno que se le parezca?

Ciudadano 1.º—Nunca, jamás. Salgamos, salgamos; quememos sus restos en el lugar sagrado, y con los tizones incendiemos las casas de los traidores. Levantemos el cuerpo.

Ciudadano 2.º—Id a traer fuego.

Ciudadano 3.º—Derribad los bancos.

Ciudadano 4.º—Derribad las molduras, las ventanas, lo que sea. *(Salen los ciudadanos con el cuerpo.)*

Antonio.—Y ahora, siga adelante la obra. Ya estás en

marcha, ¡oh revuelta! Toma el camino que quieras. ¿Qué hay ahora, mozo? *(Entra un criado.)*

CRIADO.—Señor, Octavio ha llegado ya a Roma.

ANTONIO.—¿Y en dónde está?

CRIADO.—Él y Lépido están en casa de César.

ANTONIO.—Y allí voy inmediatamente a visitarlo. Viene como traído al intento. La fortuna está alegre, y en su buen humor nos dará no importa qué.

CRIADO.—Les oí decir que Bruto y Casio escapan como locos furiosos fuera de las puertas de Roma.

ANTONIO.—Es probable que tuviesen alguna noticia del pueblo y de cómo yo lo había movido. Condúceme a donde Octavio.

ESCENA III

Una calle

Entra CINNA, *el poeta*

CINNA.—Soñé esta noche que estaba en un banquete con César, y las cosas impresionan mi fantasía de un modo dasafortunado. No tengo deseo de andar por las calles y, sin embargo, algo me impele a hacerlo. *(Entran ciudadanos.)*

CIUDADANO 1.º—¿Cómo os llamáis?

CIUDADANO 2.º—¿Adónde vais?

CIUDADANO 3.º—¿Dónde residís?

CIUDADANO 4.º—¿Sois casado o soltero?

CIUDADANO 2.º—Responded a cada uno terminantemente.

CIUDADANO 1.º—Sí, y en pocas palabras.

CIUDADANO 4.º—Sí, y discretamente.

CIUDADANO 3.º—Sí, y con veracidad. Será mejor para vos.

CINNA.—¿Cómo me llamo? ¿Adónde voy? ¿Dónde resido? ¿Soy casado o soltero? Pues para responder a cada uno terminantemente, en pocas palabras, discretamente y con veracidad, digo discretamente: soy soltero.

CIUDADANO 2.º—Eso quiere decir que los que se casan son unos necios. Me temo que esto os costará que os dé un golpe. Continuad: terminantemente.

CINNA.—Terminantemente voy al funeral de César.

CIUDADANO 1.º—¿Como amigo o enemigo?

CINNA.—Como amigo.

CIUDADANO 2.º—Ese punto está respondido terminantemente.

CIUDADANO 4.º—¿Vuestra residencia? En pocas palabras.

CINNA.—En pocas palabras, resido junto al Capitolio.

CIUDADANO 3.º—¿Vuestro nombre, señor? Con veracidad.

CINNA.—Con veracidad, mi nombre es Cinna.

CIUDADANO 1.º—Hacedle pedazos. Es un conspirador.

CINNA.—Soy Cinna el poeta, soy Cinna el poeta.

CIUDADANO 4.º—Despedazadle por sus malos versos. Despedazadle por sus malos versos.

CIUDADANO 2.º—No importa. Su nombre es Cinna. Arrancad solamente ese nombre de su corazón y hacedle que retroceda.

CIUDADANO 3.º—¡Despedazadle, despedazadle! ¡Y ahora a las teas! ¡A casa de Bruto! ¡A casa de Casio! Incendiémoslo todo. ¡Qué vayan unos a casa de Decio; tros, a la de Casca; otros, a la de Ligario! *(Salen.)*

ACTO CUARTO

ESCENA PRIMERA

En Roma. Cuarto en casa de Antonio

ANTONIO, OCTAVIO y LÉPIDO *sentados alrededor de una mesa*

ANTONIO.—Todos éstos, pues, tienen que morir. Sus nombres están marcados.

OCTAVIO.—Vuestro hermano debe morir también. ¿Consentís, Lépido?

LÉPIDO.—Consiento.

OCTAVIO.—Marcadlo, Antonio.

LÉPIDO.—A condición de que no vivirá Publio, que es hijo de vuestra hermana, Marco Antonio.

ANTONIO.—No vivirá. Mirad: le condeno con esta señal. Pero id, Lépido, a casa de César; traed el testamento y arreglaremos el modo de suprimir alguna parte de los legados.

LÉPIDO.—¡Qué! ¿Os hallaré aquí?

OCTAVIO.—Aquí o en el Capitolio. *(Sale Lépido.)*

ANTONIO.—Éste es un pobre hombre sin mérito que sólo está bueno para hacer mandados. ¿Es conveniente que, dividido el mundo en tres partes, venga él a ser uno de los tres que lo dominen?

OCTAVIO.—Así lo pensabais y consultasteis su voto sobre quiénes debían ser marcados para morir en nuestra sentencia de muerte y proscripción.

ANTONIO.—Octavio, he vivido más días que vos, y aunque prodigamos estos honores en este hombre para libertarnos del peso de algunas calumnias, él no los llevará sino como lleva el asno el oro, para trabajar y sudar en la faena, ya sea que al señalar el camino sea guiado o sea arreado. Y cuando hemos traído nuestro tesoro a donde queremos, le quitamos la carga y le hacemos irse, como el asno descargado, a sacudir las orejas y pacer en el campo.

Octavio.—Haced como queráis; pero es un bravo y experto soldado.

Antonio.—También lo es mi caballo, Octavio, y por tanto le proveo con un depósito de heno. Es una criatura a la cual he enseñado a lidiar, a partir, a detenerse, a correr de frente, gobernados siempre por mi espíritu los movimientos de su cuerpo. En cierto modo. Lépido no es más que esto. Tiene que ser enseñado, disciplinado, estimulado a ir adelante. Es un espíritu estéril que se alimenta con objetos, artes e imitaciones, manoseadas por otros hombres y caídas en desuso, pero que para él son moda nueva. No habléis de él sino como de una propiedad. Y ahora, Octavio, escuchad grandes cosas. Bruto y Casio están reclutando fuerzas. Nosotros debemos ir adelante sin vacilar. Combinemos, pues, nuestra alianza, aseguremos a nuestros más fieles amigos y ensanchemos nuestros mejores recursos. Reunámonos inmediatamente en consejo para descubrir mejor las cosas encubiertas y hacer frente a los peligros visibles.

Octavio.—Hagámoslo, porque estamos en juego, circundados por muchos enemigos, y me temo que algunos de los que nos sonríen tienen en su corazón abismos de maldad. *(Salen.)*

ESCENA II

Delante de la tienda de Bruto, en el campo cerca de Sardis

Tambor. Entran BRUTO, LUCILIO, LUCIO *y* SOLDADOS
TICINIO *y* PÍNDARO *se encuentran con ellos*

BRUTO.—¡Alto aquí!

LUCILIO.—Dad la voz y haced alto.

BRUTO.—¿Qué hay, Lucilio? ¿Está Casio cerca?

LUCILIO.—Va a llegar, y Píndaro ha venido a saludaros en nombre de su señor. *(Píndaro da una carta a Bruto.)*

BRUTO.—Me saluda bien. Vuestro señor, Píndaro, por mudanza en él, o por malos oficiales, me ha dado algún motivo para desear que cosas que habían sido hechas se deshicieran; pero si está tan próximo, quedaré satisfecho.

PÍNDARO.—No dudo que mi noble dueño aparecerá tal como es, lleno de delicadeza y honor.

BRUTO.—No se duda de él. Una palabra, Lucilio. Quiero saber con certeza de qué modo os recibió.

LUCILIO.—Cortésmente y con bastante respeto; pero no con las mismas formas familiares ni con el libre y amistoso trato que acostumbraba en tiempos anteriores.

BRUTO.—En ello habéis descrito a un caluroso amigo que se enfría. Advertid, Lucilio, que cuando el amor principia a debilitarse y decaer, usa siempre una ceremonia forzada. La fe honesta y sencilla no conoce disfraces. Pero los hombres frívolos, como ciertos caballos fogosos al principio, hacen ostentación y alarde de su firmeza; pero luego que sienten las sangrientas espuelas, agachan la cabeza como rocines mañosos y sucumben en la prueba. ¿Avanza su ejército?

LUCILIO.—Propónese acampar esta noche en Sardis. La mayor parte, las tropas de a caballo, han venido con Casio.

Bruto.—¿Oyes? Ha llegado. Ve pausadamente a encontrarlo. *(Entran Casio y soldados.)*

Casio.—¡Alto!

Bruto.—¡Alto! Pasad la voz.

Dentro.—¡Alto!

Dentro.—¡Alto!

Dentro.—¡Alto!

Casio.—Muy noble hermano. Habéis sido injusto hacia mí.

Bruto.—Juzgadme, ¡oh dioses! ¿Hago injusticia a mis enemigos? Pues si no la hago, ¿cómo podría hacerla a un hermano?

Casio.—Bruto, esta sobria apariencia vuestra encubre injusticias; y cuando las hacéis...

Bruto.—Conteneos, Casio. Exponed vuestros agravios tranquilamente. Os conozco bien. Aquí bajo las miradas de nuestros dos ejércitos, que no deben ver entre nosotros sino buen afecto, no disputemos. Haced que se retiren y luego en mi tienda, Casio, os espaciaréis sobre vuestras quejas y os daré audiencia.

Casio.—Píndaro, pedid a los jefes que retiren un poco de este lugar sus tropas.

Bruto.—Hacedlo también, Lucilio; y que nadie venga a nuestra tienda hasta que haya terminado nuestra conferencia. Que Lucilio y Ticinio guarden la puerta. *(Salen.)*

ESCENA III

En la tienda de Bruto

Lucio y Ticinio *a alguna distancia de ella*

Casio.—Que me habéis tratado injustamente se ve en que habéis condenado y marcado a Lucio Pella por haber recibido aquí sobornos de los sardios; al paso que mis cartas implorando en su favor, porque conozco al hombre, han sido despreciadas.

Bruto.—Os hicisteis injusticia vos mismo, escribiendo en semejante caso.

Casio.—En tiempos como el presente no es oportuno que una pequeña falta sea tan notada.

Bruto.—Dejadme deciros, Casio, que vos, vos mismo, tenéis la mala reputación de la codicia, de vender y traficar por oro nuestros empleos a personas indignas.

Casio.—¿Codicia yo? Bien sabéis, Bruto, que a no ser vos quien habla, ¡por los dioses!, éstas serían vuestras últimas palabras.

Bruto.—Y a no ser esta corrupción amparada bajo el nombre de Casio, no tardaría en aparecer el castigo.

Casio.—¡Castigo!

Bruto.—¡Acordaos de marzo, de los idus de marzo! ¿No fué por la justicia que corrió la sangre del gran Julio? ¿Qué villano tocó su cuerpo y lo hirió, y no por justicia? ¡Qué! ¿Habrá de haber uno de nosotros, los que pusimos la mano sobre el primer hombre del mundo sólo porque protegía a los expoliadores, que manche ahora sus manos con bajos cohechos? ¿Y venda la alta región de nuestros grandes honores por la vil basura que así se pueda recoger? Antes que ser un romano semejante, preferiría ser un perro hambriento.

Casio.—No me equivoquéis, Bruto. No he de sufrirlo. Os olvidáis de vos mismo al acusarme. Soldado soy, soldado más antiguo y experimentado, más hábil que vos para dictar mis condiciones.

Bruto.—Apartaos. No sois Casio.

Casio.—Casio soy.

Bruto.—Digo que no.

Casio.—Conteneos o lo olvidaré todo. Mirad por vos mismo. No me tentéis más.

Bruto.—¡Fuera! ¡Pobre diablo!

Casio.—¿Es posible esto?

Bruto.—Oíd, porque tengo que hablar. ¿Debo yo ceder y abrir campo a vuestra temeraria cólera? ¿Me asustaré de que me mire un loco?

Casio.—¡Oh dioses! ¡Oh dioses! ¿Y debo soportar todo esto?

Bruto.—¿Todo esto? Sí, y más. Enfureceos hasta que estalle vuestro orgulloso corazón. Id, mostrad a vuestros esclavos cuán iracundo sois y que tiemblen vuestros siervos. ¿He de alterarme? ¿He de guardaros consideración? ¿He de humillarme ante vuestro malhumor? ¡Por los dioses! que habéis de digerir el veneno de vuestro fastidio, aunque os haga reventar; porque de hoy en adelante haré de vos mi diversión, sí, mi hazmerreír, cuando estéis rabioso.

Casio.—¿Y a esto hemos llegado?

Bruto.—Decís que sois mejor soldado. Pues mostradlo. Que vuestra jactancia se convierta en hechos y quedaré muy contento. Por lo que a mí toca, me alegraría recibir lecciones de hombres nobles.

Casio.—Me hacéis injusticia en todo. Dije que soy soldado más antiguo, no mejor. ¿Dije que soy mejor?

Bruto.—Si lo dijisteis, no me importa.

Casio.—Cuando César vivía no se atrevió a provocarme así.

Bruto.—Poco a poco. ¡No os atrevisteis a tentarlo así!

Casio.—¿No me atreví?

Bruto.—No.

Casio.—¡Qué! ¿No atreverme a tentarlo?

Bruto.—Por vida vuestra que no.

Casio.—No contéis demasiado sobre mi afecto. Podría hacer algo que me pesara después.

Bruto.—Ya habéis hecho algo que os debería pesar. Nada hay, Casio, en vuestras amenazas que pueda inquietarme, porque estoy tan poderosamente armado de honradez, que pasan junto a mí como el aire juguetón del que no puedo hacer caso. Envié a pediros ciertas sumas de oro, que habéis rehusado; porque yo no sé levantar dinero por medios viles, y antes de arrancar por fraude de las endurecidas manos de los campesinos su mezquina ganancia, ¡por los cielos, preferiría hacer acuñar mi corazón y destilar mi sangre por dracmas! Envié donde vos por oro para pagar mis legiones y lo negasteis. ¿Fué ese proceder digno de Casio? ¿Habría yo respondido así a Cayo Casio? Cuando Marco Bruto llegue a ser tan avaro que encierre de sus amigos esas miserables monedas, ¡aprontad, oh dioses, todos vuestros rayos para despedazarle!

Casio.—¡No os negué!

Bruto.—Negasteis.

Casio.—No negué. El que os trajo mis respuesta fué un imbécil. Bruto ha desgarrado mi corazón. Un amigo debiera soportar los defectos de sus amigos; pero Bruto exagera los míos.

Bruto.—No lo hago sino cuando me hacéis sufrir por ellos.

Casio.—No me tenéis·afecto.

Bruto.—No me gustan vuestras faltas.

Casio.—El ojo de un amigo nunca podría ver tales faltas.

Bruto.—No las vería un adulador, aunque son tan grandes como el monte Olimpo.

Casio.—¡Venid, Antonio y joven Octavio, venid y vengaos sólo de Casio! Porque Casio está cansado del mundo; odiado por aquel a quien ama; retado por su hermano; oprimido como un siervo; observadas todas sus faltas y anotadas en el libro y divulgadas y aprendidas de memoria para arrojárselas al rostro. ¡Oh! ¡Podría llorar el alma por los ojos! Aquí está mi puñal: he aquí mi pecho desnudo. Dentro hay un corazón más valioso que la mina de Pluto, más rico que el oro. Si es verdad que eres un romano, tómale. Yo que te he negado oro, te entrego mi corazón. Hiere como hiciste con

César; yo sé que cuando más lo aborreciste, lo amabas aún más que lo que nunca amaste a Casio.

Bruto.—Envainad vuestro puñal. Montad en cólera cuanto os plazca: ya tendrá libre campo. Haced lo que os plazca: el deshonor será mal humor. ¡Oh Casio! Estáis uncido con un cordero que soporta la cólera como el pedernal soporta el fuego, y que sólo cuando se le fuerza mucho despide una chispa rápida y se enfría al momento.

Casio.—¿Ha vivido Casio solamente para servir de diversión y risa a su Bruto, cuando el pesar y la sangre enardecida le irritaban?

Bruto.—También estaba yo irritado cuando hablé así.

Casio.—¿Confesáis esto? Dadme vuestra mano.

Bruto.—Y mi corazón también.

Casio.—¡Oh Bruto!

Bruto.—¿Qué hay ahora?

Casio.—¿No tenéis por mí bastante afecto para tolerarme, cuando ese violento humor que me dió mi madre me hace olvidarlo todo?

Bruto.—Sí, Casio. Y en adelante, cuando seáis demasiado exaltado con vuestro Bruto, él pensará que es vuestra madre quien regaña y os dejará así. *(Ruido dentro.)*

Poeta.—*(Dentro.)* Dejadme entrar a ver a los generales. Hay un resentimiento entre ellos. No está bien dejarlos solos.

Lucilio.—*(Dentro.)* No tendréis entrada.

Poeta.—Nada me detendrá sino la muerte. *(Entra el poeta.)*

Casio.—¿Qué hay ahora? ¿Qué sucede?

Poeta.—En nombre de la vergüenza, generales, ¿qué intentáis? Amaos y sed amigos cual cumple a dos hombres como vosotros. Porque estoy cierto de haber vivido más años que vosotros.

Casio.—¡Ah!, ¡ah! ¡Qué detestablemente rima este cínico!

Bruto.—¡Fuera de aquí, villano! ¡Mozo imprudente, fuera!

Casio.—Tened paciencia con él, Bruto. Es su manera.

Bruto.—Yo sabré soportar su genialidad cuando él sepa escoger la ocasión. ¿Qué tiene que hacer la guerra con estos necios danzantes? ¡Camarada, afuera!

Casio.—¡Afuera! ¡Afuera! Marchaos. *(Sale el poeta. Entran Lucilio y Ticinio.)*

Bruto.—Lucilio y Ticinio, encargad a los jefes que se preparen a alojar sus tropas.

Casio.—Y regresad inmediatamente trayéndoos a Messala. *(Salen Lucilio y Ticinio.)*

Bruto.—Lucio, una taza de vino.

Casio.—No pensé que podíais haber estado tan encolerizado.

Bruto.—¡Oh Casio! Me tienen enfermo muchos pesares.

Casio.— No usáis de vuestra filosofía si dais importancia a males accidentales.

Bruto.—Ningún hombre soporta mejor la aflicción. Porcia ha muerto.

Casio.—¡Ah! ¡Porcia!

Bruto.—Es muerta.

Casio.—¡Y habéis podido no matarme cuando os contrarié tanto! ¡Oh, pérdida conmovedora e insoportable! ¿De qué dolencia?

Bruto.—Impaciente por mi ausencia y pesarosa de que el joven Octavio y Marco Antonio se hayan hecho tan fuertes, pues con su muerte llegó esa nueva, perdió la razón y, en ausencia de sus servidores, tragó fuego.

Casio.—¿Y murió así?

Bruto.—Así.

Casio.—¡Oh dioses inmortales! *(Entra Lucio con vino y bujías.)*

Bruto.—No habléis más de ella. Dadme una taza de vino. En esto sepulto todo resentimiento, Casio. *(Bebe.)*

Casio.—Sediento está mi corazón de esta noble promesa. Llena, Lucio, llena hasta que se derrame la taza. Nunca beberé demasiado del afecto de Bruto. *(Bebe. Vuelven a entrar Ticinio y Messala.)*

Bruto.—Entrad, Ticinio. Bien venido, buen Messala. Sentémonos ahora bien junto a esta luz y examinemos nuestras necesidades.

Casio.—¡Porcia! ¿Y eres ida?

Bruto.—Basta. Os lo ruego. Messala, he recibido aquí cartas anunciando que el joven Octavio y Marco Antonio avanzan sobre nosotros con fuerzas poderosas y que dirigen su marcha hacia Filipo.

Messala.—También tengo cartas del mismo tenor.

Bruto.—¿Con qué adición?

Messala.—Que por proscripciones y mandando poner fuera de la ley, Octavio, Antonio y Lépido han hecho matar cien senadores.

Bruto.—No están acordes nuestras cartas en ese punto. Las mías hablan de setenta senadores muertos por sus proscripciones, siendo Cicerón uno de ellos.

Casio.—¿Cicerón?

Messala.—Sí. Cicerón ha muerto por esa orden de proscripción. ¿Son de vuestra esposa esas cartas, mi señor?

Bruto.—No, Messala.

Messala.—¿Ni cosa alguna escrita en esas cartas acerca de ella?

Bruto.—Nada, Messala.

Messala.—Paréceme extraña cosa.

Bruto.—¿Por qué lo preguntáis? ¿Habéis sabido algo de ella en vuestras cartas?

Messala.—No, mi señor.

Bruto.—Pues sois romano, decid la verdad.

Messala.—Pues bien: sobrellevad como romano la verdad que digo. Muerta es en verdad y de extraña manera.

BRUTO.—Adiós, pues, Porcia. Tenemos que morir, Messala; y reflexionando en que ella había de morir un día, encuentro paciencia para sufrir esto ahora.

MESSALA.—Así es como los grandes hombres deben sobrellevar las grandes pérdidas.

CASIO.—Tengo tanto de ello en teoría como vos; pero mi naturaleza no podría sufrirlo así.

BRUTO.—Bien. A nuestra obra viva. ¿Qué pensáis de marchar inmediatamente a Filipo?

CASIO.—No me parece bien.

BRUTO.—¿Qué razón tenéis?

CASIO.—Ésta. Es mejor que el enemigo nos busque. Así gastará sus recursos y cansará a sus soldados, dañándose a sí propio; mientras que nosotros permaneciendo inmóviles estamos descansados, fuertes para la defensa y activos.

BRUTO.—Las buenas razones han de ceder, es claro, ante las mejores. El pueblo entre Filipo y este campo permanece en una adhesión forzada, pues nos ha dado de mala gana la contribución. El enemigo, marchando entre ellos, llenará con ellos sus filas y vendrá refrescado, acrecido y más animoso. Le quitaremos esta ventaja si vamos a Filipo a hacerle frente, dejando este pueblo a nuestra espalda.

CASIO.—Escuchadme, buen hermano.

BRUTO.—Con vuestro permiso. Debéis advertir, además, que hemos procurado obtener de nuestros amigos lo más que era posible. Nuestras legiones están del todo completas y nuestra causa ha llegado a su madurez. El enemigo aumenta cada día. Nosotros, que nos hallamos en la cima, estamos expuestos a declinar. Hay en los negocios humanos una marea que, tomada cuando está llena, conduce a la fortuna; y omitida, hace que el viaje de la vida esté circundado de bajíos y miserias. Flotando estamos ahora en ese mar, y tenemos que aprovechar la corriente cuando es favorable o perder nuestras probabilidades.

CASIO.—Así, pues, como lo deseáis, seguid adelante. Nosotros nos pondremos en marcha y los encontraremos en Filipo.

BRUTO.—La alta noche ha avanzado mientras hablábamos. La naturaleza tiene que obedecer a la necesidad, y la satisfaremos, aunque mezquinamente, con un breve descanso. ¿No hay más que hablar?

CASIO.—No más. Buenas noches. Madrugaremos mañana, y en camino.

BRUTO.—Lucio, mi túnica. *(Sale Lucio.)* Adiós, buen Messala. Buenas noches, Ticinio. Buenas noches y buen reposo, noble Casio.

CASIO.—¡Oh querido hermano! Esta noche ha tenido un mal principio. Que jamás semejante disensión surja entre nuestras almas. No dejéis que suceda, Bruto.

BRUTO.—Ya está bien todo.

CASIO.—Buenas noches, mi señor.

BRUTO.—Buenas noches, buen hermano.

TICINIO.—Buenas noches, Bruto, mi señor.

BRUTO.—Adiós a cada uno. *(Salen Casio, Ticinio y Messala. Vuelve a entrar Lucio con la túnica.)* Dame mi túnica. ¿Dónde está tu instrumento?

LUCIO.—Aquí en la tienda.

BRUTO.—¡Qué! ¿Hablas medio dormido? Pobre bellaco, no te culpo: has vigilado con exceso. Llama a Claudio y algunos otros de mis hombres. Los haré dormir en mi tienda sobre almohadones.

LUCIO.—¡Varro y Claudio! *(Entran Varro y Claudio.)*

VARRO.—¿Llamáis, señor?

BRUTO.—Os ruego, señores, acostaros en mi tienda y dormir. Acaso os despierte más tarde para asuntos con mi hermano Casio.

Varro.—Con vuestro permiso quedaremos en pie esperando vuestras órdenes.

Bruto.—No lo consentiré. Acostaos, buenos señores. Quizá podré variar de pensamiento. Mira, Lucio, aquí está el libro que busqué tanto. Lo puse en el bolsillo de la túnica. *(Se acuestan los sirvientes.)*

Lucio.—Estaba seguro de que su señoría no me lo había dado.

Bruto.—Ten pacienica conmigo, buen muchacho; soy muy olvidadizo. ¿Quieres abrir por un rato tus ojos soñolientos y tocar uno o dos trozos en tu instrumento?

Lucio.—Sí, mi señor, si os place.

Bruto.—Me place, muchacho. Te fatigo demasiado, pero tienes vuena voluntad.

Lucio.—Es mi deber, señor.

Bruto.—Yo no exigiría tu deber más allá de tus fuerzas. Sé que las sangres jóvenes anhelan la hora del descanso.

Lucio.—He dormido ya, mi señor.

Bruto.—Has hecho bien, y volverás a dormir. No te retendré mucho rato. Si vivo, seré bueno para ti. *(Música y un canto.)* Es un tono soñoliento. ¡Maldito sueño! ¿Has dejado caer tu maza de plomo sobre mí, muchacho, que así hace música para ti? Buenas noches, gentil siervo. No te haré el daño de despertarte. Si cabeceas romperás tu instrumento. Te lo tomaré, y, buen muchacho, buenas noches. Vamos. ¿No está doblada la hoja donde dejé la lectura? Paréceme que es ésta. *(Se sienta. Entra el espectro de César.)* ¡Que mal arde esta bujía! ¡Ah! ¿Quién viene aquí? Pienso que la debilidad de mis ojos da forma a esta monstruosa aparición. Viene hacia mí. ¿Eres algo? ¿Eres algún dios, ángel o demonio, que haces helarse mi sangre y erizarse mis cabellos? Dime lo que eres.

Espectro.—Tu mal genio, Bruto.

Bruto.—¿Por qué vienes?

Espectro.—A decirte que me verás en Filipo.

Bruto.—Bien. ¿Entonces he de verte otra vez?

Espectro.—Sí, en Filipo. *(Se desvanece el espectro.)*

Bruto.—Pues bien: te veré entonces en Filipo. Ahora que he recobrado mi serenidad te desvaneces. Mal espíritu, querría hablar más contigo. ¡Muchacho! ¡Lucio! ¡Varro! ¡Claudio! ¡Despertad! ¡Claudio!

Lucio.—Las cuerdas, señor, están destempladas.

Bruto.—Piensa que todavía se ocupa de su instrumento. ¡Lucio, despierta!

Lucio.—¿Mi señor?

Bruto.—¿Estabas soñando, Lucio, para haber gritado así?

Lucio.—Mi señor, no sabía que hubiese gritado.

Bruto.—Sí, por cierto. ¿Viste algo?

Lucio.—Nada, mi señor.

Bruto.—Vuelve a dormir, Lucio. ¡Siervo Claudio! ¡Mozo, despierta!

Varro.—¿Mi señor?

Claudio.—¿Mi señor?

Bruto.—¿Por qué habéis gritado, señores, en vuestro sueño?

Varro y Claudio.—¿Hemos gritado, señor?

Bruto.—Sí. ¿Visteis alguna cosa?

Varro.—No, mi señor, nada he visto.

Claudio.—Ni yo, mi señor.

Bruto.—Id y saludad por mí a mi hermano Casio. Decidle que ponga en movimiento sus fuerzas con anticipación y nosotros seguiremos.

Varro y Claudio.—Se hará así, mi señor. *(Salen.)*

ACTO QUINTO

ESCENA PRIMERA

Los llanos de Filipo

Entran Octavio, Antonio *y su ejército*

Octavio.—Ahora se realizan, Antonio, nuestras esperanzas. Dijisteis que no bajaría el enemigo, sino que se mantendría en las colinas y tierras altas. Resulta no ser así; el grueso de sus fuerzas está muy próximo, y su intento es anticipársenos aquí en Filipo, buscándonos antes de ser buscados.

Antonio.—¡Bah! Penetro bien su ánimo y sé por qué lo hacen. Ya se contentarían con ir a otros lugares; y si descienden con arrogante intrepidez, sólo es para inspirarnos por medio de tal apariencia la idea de que tienen valor. Pero no es verdad. *(Entra un mensajero.)*

Mensajero.—¡Generales, preparaos! El enemigo viene en bizarro orden marcial. Está levantando su sangriento estandarte y hay que tomar alguna medida inmediatamente.

Antonio.—Octavio, haced avanzar vuestras fuerzas sin precipitación sobre la izquierda del terreno llano.

Octavio.—Yo iré a la derecha; conservad vos la izquierda.

Antonio.—¿Por qué me contrariáis en este trance?

Octavio.—No os contrarío; pero haré como he dicho. *(Marcha. Tambor. Entran Bruto, Casio y su ejército. Lucilio, Messala y otros.)*

Bruto.—Hacen alto y quieren parlamentar.

Casio.—Manteneos firmes, Ticinio. Nosotros tenemos que ir y hablar.

Octavio.—Marco Antonio, ¿daremos la señal de la batalla?

Antonio.—No, César. Responderemos a su ataque. Avanzad. Los generales querrían decir algo.

Octavio.—No os mováis hasta que se dé la señal.

Bruto.—Antes las palabras que los golpes. ¿No es así, compatriotas?

Octavio.—No porque nos agraden más las palabras, como a vosotros.

Bruto.—Buenas palabras son mejores que malos golpes, Octavio.

Antonio.—En nuestros malos golpes dais buenas palabras, Bruto. Dígalo, si no, el agujero que hicisteis en el corazón de César, gritando: "¡Salve, viva César!"

Casio.—Antonio, de cómo dais golpes nada se sabe todavía; pero en cuanto a vuestras palabras, parecen haber quitado a las abejas toda su miel.

Antonio.—Y su aguijón también.

Bruto.—¡Oh sí!, y su zumbido; porque hacéis ruido como ellas y muy discretamente amenazáis antes de punzar.

Antonio.—No lo hicisteis vosotros, ¡villanos!, cuando vuestros viles puñales tropezaban uno con otro en los costados de César. Mostrabais los dientes como monos, y hacíais fiestas como perros, y os inclinabais como siervos para besar los pies de César, mientras que el infernal Casca, como un miserable, hería por la espalda el cuello de César. ¡Oh aduladores!

Casio.—¡Aduladores! Agradecedlo a vos mismo, Bruto, que, a haber dominado Casio, esa lengua no habría ofendido hoy así.

Octavio.—Venid, venid a la causa. Si la discusión trae gotas de sudor, la prueba de ella las traerá más coloridas. Mirad. Desnudo la espada contra conspiradores; ¿cuándo pensáis que volverá a la vaina? Nunca, mientras no queden bien vengadas las veintitrés heridas de César, o hasta que otro César se añada a la carnicería hecha por la espada de los traidores.

BRUTO.—César, no morirás por manos de traidores, a menos que los traigas contigo.

OCTAVIO.—Así lo espero. No nací para morir por la espada de Bruto.

BRUTO.—¡Oh! Si fueras el más noble de tu raza, no podrías, joven, recibir más honrosa muerte.

CASIO.—Un impertinente muchacho de escuela, indigno de tal honor, unido a un jaranista enmascarado.

ANTONIO.—¡Silencio, viejo Casio!

OCTAVIO.—Venid, Antonio. ¡Fuera! Os lanzamos el reto al rostro, traidores. Si os atrevéis a combatir hoy, venid al campo. Si no, cuando hagáis el ánimo. *(Salen Octavio, Antonio y su ejército.)*

CASIO.—Pues bien: ahora sopla, ¡oh viento! Hínchate, ola; boga, barca, que está encima la tormenta y todo está en manos del acaso.

BRUTO.—¡Ea! Lucilio. Tengo que deciros una palabra.

CASIO.—¿Messala?

MESSALA.—¿Qué decís, mi general?

CASIO.—Messala, hoy es mi cumpleaños, pues Casio nació en este mismo día. Dame tu mano y sé testigo de que contra mi voluntad, como sucedió en Pompeya, me veo forzado a aventurar en el éxito de una batalla todas nuestras libertades. Sabéis que tuve en grande estima a Epicuro y su doctrina. Ahora pienso de otro modo, y en parte creo en cosas que son presagios. Viniendo de Sardis cayeron sobre la enseña de nuestra vanguardia dos vigorosas águilas y en ella se posaban y se alimentaban de manos de nuestros soldados que nos acompañaron aquí a Filipo. Esta mañana volaron y se fueron, y en su lugar vuelan sobre nuestras cabezas cuervos, milanos y buitres que miran hacia nosotros abajo como si fuéramos una presa moribunda. Sus sombras parecían el más funesto pabellón extendido sobre nuestro ejército próximo a perecer.

MESSALA.—No creáis tal cosa.

CASIO.—No lo creo sino en parte, porque tengo el espíritu despejado y resuelto a afrontar los peligros con toda constancia.

BRUTO.—Lucilio también.

CASIO.—Ahora, muy noble Bruto, los dioses nos son favorables para que, amándonos en paz, dejemos correr los días hasta la vejez. Pero desde que son siempre tan inciertas las cosas humanas, discurramos sobre lo que puede acontecer de peor. Si perdemos esta batalla, seguramente es ésta la última ocasión en que hablaremos juntos. En tal caso, ¿qué contáis hacer?

BRUTO.—Seguiré la norma de aquella filosofía en cuyo nombre censuré a Catón por haberse dado la muerte. No sé por qué, pero encuentro que es cobardía y vileza anticipar el término de la vida por temor a lo que pueda acontecer. Me armaré de paciencia para sobrellevar los decretos de los altos poderes que gobiernan las cosas de aquí abajo.

CASIO.—¿Es decir que si perdemos esta batalla, estaréis contentos con ser llevado como trofeo del vencedor por las calles de Roma?

BRUTO.—No, Casio, no. Ni pienses tú, noble romano, que Bruto se dejaría llevar cautivo a Roma. Tiene el alma sobrado grande. Pero este mismo día debe concluir la obra principiada en los idus de marzo y no sé si volveremos a encontrarnos. Recibid por tanto un último adiós. ¡Adiós, Casio, por siempre jamás! Si volvemos a encontrarnos ¡bien!, será con una sonrisa. Si no, habremos hecho bien de despedirnos ahora.

CASIO.—¡Por siempre jamás, adiós, Bruto! Si volvemos a encontrarnos, ciertamente que sonreiremos. Si no, en verdad, que esta despedida habrá sido oportuna. *(Salen.)*

ESCENA II

El campo de batalla

Bruto.—Corre a toda brida, Messala, corre, corre, y da estas órdenes a las legiones en el otro lado. Que avancen al instante porque recibo la tibieza en el ala de Octavio, y un ataque repentino los derrotará. Corre, corre, Messala. Que vengan todos. *(Salen.)*

ESCENA III

Otra parte del campo

Toque de alarma. Entran Casio y Ticinio

Casio.—¡Oh, mirad, Ticinio! ¡Mirad! ¡Los cobardes! ¡Huyen! Yo mismo he debido volverme enemigo de los míos. Vi que retrocedía mi enseña. Maté al cobarde y la tomé de sus manos.

Ticinio.—¡Oh Casio! Bruto dió la señal demasiado pronto. Había alcanzado alguna ventaja sobre Octavio y la asió con demasiada precipitación. Sus soldados se dieron a buscar botín, mientras que nosotros estamos rodeados por todas partes por Antonio. *(Entra Píndaro.)*

Píndaro.—¡Huid a más distancia, mi señor, huid a más distancia! Marco Antonio está en vuestras tiendas. ¡Huid, noble Casio, más lejos!

Casio.—Esta colina está bastante lejos. Mira, mira, Ticinio. ¿Son mis tiendas aquellas donde diviso un incendio?

Ticinio.—Ellas son, mi señor.

Casio.—Ticinio, si me amas, monta en mi caballo y sepultas tus espuelas en sus ijares hasta que hayas llegado a aquellas tropas, allá arriba, y estés de regreso aquí, a fin de que pueda yo estar seguro de si son nuestras o del enemigo.

Ticinio.—Estaré de vuelta en un abrir y cerrar de ojos. *(Sale.)*

Casio.—Píndaro, sube más arriba, a aquella colina. Mi vista fué siempre débil. Mira bien a Ticinio, y dime lo que observes en el campo. *(Sale Píndaro.)* En este día exhalé mi primer aliento. El tiempo se acerca, y donde principié tengo que acabar. Está llena la medida de mi vida. ¿Qué noticias?

Píndaro.—¡Oh mi señor!

Casio.—¿Qué noticias?

Píndaro.—Ticinio está cercado de jinetes que avanzan sobre él a escape tendido, pero él·sigue adelante. Ya están a su alcance. Ahora se apean algunos. ¡Oh! Él se apea también. Lo han cogido. *(Aclamación.)* Y ¡oid! ¡Dan vítores de alegría!

Casio.—Baja, no mires más. ¡Oh cobarde de mí, que vivo hasta haber visto a mi mejor amigo apresado en mi presencia! *(Entra Píndaro.)* Ven acá, siervo. En Parcia te hice prisionero y me juraste como precio de tu vida que siempre tratarías de hacer lo que yo te mandase. Pues bien: ¡cumple tu juramento! Sé ahora un hombre libre; y con esta buena espada que atravesó las entrañas de César busca mi seno. No te detengas a replicar. ¡Ea! Toma la empuñadura, y cuando haya cubierto mi rostro, como ves que ya lo está, ¡hiere! ¡César, estás vengado con la misma espada con que te di muerte! *(Muere.)*

Píndaro.—Así soy libre. No lo habría sido de este modo si me hubiese atrevido a hacer mi voluntad. ¡Oh Casio! Píndaro huirá lejos de este país, a donde ningún romano se pueda acordar de él. *(Sale. Vuelven a entrar Ticinio y Messala.)*

Messala.—No es más que un cambio, Ticinio, porque

Octavio está derrotado por el ejército del noble Bruto, como las legiones de Casio lo están por Antonio.

Ticinio.—Estas nuevas darán no poca satisfacción a Casio.

Messala.—¿Dónde lo dejasteis?

Ticinio.—Quedó lleno de desconsuelo en esta colina con Píndaro, su siervo.

Messala.—¿No es él quien yace en tierra?

Ticinio.—No yace como los que viven. ¡Oh dolor!

Messala.—¿No es él?

Ticinio.—No, éste era él, Messala; pero Casio ya no existe. ¡Oh sol poniente! Como tú envuelto en tus rojos rayos te sepultas en la noche, así Casio está envuelto en su roja sangre. ¡Se ha puesto el sol en Roma! ¡Se ha acabado nuestro día! Venid, nubes, lluvias y peligros. Nuestros hechos están consumados y de éste fué causa la desconfianza de que yo alcanzara buen éxito.

Messala.—¡La desconfianza del éxito ha causado este hecho! ¡Oh odioso error, engendro de la melancolía! ¿Por qué presentas a la mente de los hombres cosas que no son? ¡Oh error! Prontamente concebido, jamás alcanzas un nacimiento feliz, sino que matas a la madre que te concibió.

Ticinio.—¡Hola, Píndaro! ¿Dónde está Píndaro?

Messala.—Búscalo, Ticinio, mientras voy a encontrar al noble Bruto y a fulminarle con esta noticia. Y digo bien fulminarle, porque el agudo acero y los dardos envenenados serían mejor recibidos por Bruto que la noticia de este espectáculo.

Ticinio.—Id, Messala, que entre tanto yo buscaré a Píndaro. *(Sale Messala.)* ¿A qué enviarme, valiente Casio? ¿Pues no encontré a tus amigos? ¿No pusieron sobre mis sienes este laurel de victoria invitándome a que te lo diera? ¿No oíste sus aclamaciones? ¡Y todo lo interpretaste en daño tuyo! Pero toma este lauro para tu frente. Tu Bruto me encargó dártelo y cumplo su encargo. Bruto, acercaos un tanto y ved cómo he considerado a Cayo Casio. Con vuestro permiso, ¡oh dioses!, esto es lo que cumple a un romano. Ven, espada de Casio, a encontrar el corazón de Ticinio. *(Muere. Alarma. Vuelven a entrar Messala, con Bruto, Catón el joven, Strato, Volumnio y Lucilio.)*

BRUTO.—¿Dónde, Messala, dónde yace su cuerpo?

MESSALA.—Un poco más allá, y Ticinio lo acompaña.

BRUTO.—Ticinio yace de espaldas.

CATÓN.—Ha muerto.

BRUTO.—¡Oh Julio César! ¡Aún eres poderoso! ¡Tu espíritu nos persigue y hace tornar nuestras espadas contra nuestras propias entrañas!

CATÓN.—¡Valiente Ticinio! ¡Mirad cómo ha coronado a Cayo Casio muerto!

BRUTO.—¿Hay todavía entre los vivos dos romanos como éstos? ¡Adiós, oh tú el último romano! ¡Jamás, jamás podrá producir Roma uno igual a ti! Amigos, debo a este hombre muerto más lágrimas que las que me veríais derramar. Ya encontraré tiempo, Casio, ya encontraré tiempo. Venid, pues, y enviad su cuerpo a Fhasos. No debemos hacerle funerales en el campamento, por no desalentar las tropas. Venid, Lucilio y joven Catón, vamos al campo. Labeo y Flavio, avanzad con vuestras fuerzas. Son las tres, y a fuer de romanos, probaremos fortuna antes de la noche en un segundo combate. *(Salen.)*

ESCENA IV

Alarma. Entran combatiendo soldados de ambos ejércitos. En seguida BRUTO, CATÓN *y otros*

BRUTO.—¡Ea, compatriotas, erguid la cabeza, erguidla aún!

CATÓN.—¿Qué cobarde no lo hará? ¿Quién quiere seguirme? Proclamaré mi nombre por el campo. ¡Oh! ¡Soy el hijo de Marco Catón! ¡Enemigo de los tiranos y amigo de la patria! ¡Soy el hijo de Marco Catón! ¡Oh! *(Carga sobre el enemigo.)*

Bruto.—Y yo soy Bruto, Marco Bruto soy, Bruto, el amigo de mi patria. Sabed que soy Bruto. *(Sale cargando al enemigo. Catón el joven es vencido y cae.)*

Lucio.—¡Oh joven y noble Catón! ¿Has caído? Pues mueres tan valerosamente como Ticinio, y bien se te debe honrar como al hijo de Catón.

Soldado 1.º—¡Ríndete o mueres!

Lucilio.—Yo no me rindo sino para morir. Toma este dinero para que me mates pronto *(Le ofrece dinero.);* para que te honres con la muerte de Bruto.

Soldado 1.º—No debemos hacerlo. ¡Un noble prisionero!

Soldado 2.º—¡Campo! ¡Campo! Decid a Antonio que Bruto está en nuestras manos.

Soldado 1.º—Daré la nueva. Aquí viene el general. *(Entra Antonio.)* ¡Bruto es prisionero, señor, Bruto es prisionero!

Antonio.—¿Dónde está?

Lucilio.—En salvo. Antonio, Bruto está bastante salvo. Me atrevo a asegurarte que jamás enemigo alguno cogerá vivo al noble Bruto. Los dioses le defienden de tan gran vergüenza. Cuando le encontréis, vivo o muerto, le hallaréis digno de sí mismo, digno de Bruto.

Antonio.—Amigo, éste no es Bruto; pero te aseguro que es una presa que no vale menos. Vela por la seguridad de este hombre y trátalo con toda bondad. Prefiero tener a tales hombres por amigos que por enemigos. Marchad y ved si Bruto está vivo o muerto, y avísanos en la tienda de Octavio de todo lo que haya acontecido. *(Salen.)*

ESCENA V

Otra parte del campo

Entran BRUTO, DARDANIO, CLITO, STRATO *y* VOLUMNIO

BRUTO.—Venid, exiguo resto de amigos, y descansad en esta roca.

CLITO.—Stacilio mostró la encendida antorcha, pero, señor, no ha vuelto. Ha sido cogido o muerto.

BRUTO.—Siéntate, Clito. Muerto es la palabra. Es la cosa a la moda. Escucha, Clito. *(Le habla en secreto.)*

CLITO.—¡Qué! ¡Yo! ¡No, mi señor, no por el mundo entero!

BRUTO.—Calma, pues; nada de palabras.

CLITO.—Primero me mataré.

BRUTO.—Oye, Dardanio. *(Le habla en secreto.)*

DARDANIO.—¿Hacer semejante cosa yo?

CLITO.—¡Oh Dardanio!

DARDANIO.—¡Oh Clito!

CLITO.—¿Qué te pidió Bruto?

DARDANIO.—Que lo matara, Clito. Mira. Está meditando.

CLITO.—Está ese noble vaso tan colmado de dolor que casi se derrama por sus ojos.

BRUTO.—Acércate, buen Volumnio, y escucha una palabra.

VOLUMNIO.—¿Qué dice mi señor?

BRUTO.—Esto, Volumnio. El espectro de César se me ha aparecido dos veces de noche: una en Sardis y otra anoche aquí, en el campo de Filipo. Conozco que ha llegado mi hora.

VOLUMNIO.—No, por cierto, señor.

BRUTO.—Estoy seguro de ello, Volumnio. Ya ves cómo van las cosas. Nuestros enemigos nos han batido completamente. Es más digno anticiparse que aguardar a ser forzado. Buen Volumnio, acuérdate de que íbamos juntos a la escuela. Pues te suplico por ese antiguo afecto que tengas el puño de mi espada mientras me arrojo sobre ella.

VOLUMNIO.—Eso no es lo que cumple a un amigo, señor. *(Nueva alarma.)*

CLITO.—Huid, huid, mi señor. Es imposible quedarse aquí.

BRUTO.—Adiós a vos, y a vos, y a vos, Volumnio. Strato, has estado dormido todo este tiempo. Adiós a ti también Strato. ¡Compatriotas! Mi corazón se regocija de que en toda mi vida no he encontrado un hombre que no fuese leal para mí. Más gloria tendré yo por este día de derrota que Octavio y Marco Antonio por su vil conquista. Así, adiós os digo, porque la lengua de Bruto ha terminado casi la historia de su vida. La noche está suspendida sobre mis ojos y mis huesos deben descansar, ya que han trabajado sólo para llegar a esta hora. *(Alarma. Gritos dentro de ¡huid!, ¡huid!)*

CLITO.—¡Huid, mi señor, huid!

BRUTO.—Aléjate. Ya te seguiré. *(Salen Clito, Dardanio y Volumnio.)* Strato, te ruego que te quedes junto a tu señor. Tú eres mozo digno y en tu vida ha habido algún destello de honor. Ten, pues, derecha mi espada y vuelve el rostro a un lado, mientras me arrojo sobre ella. ¿Quieres hacerlo, Strato?

STRATO.—Dadme primero vuestra mano. ¡Adiós, oh mi señor!

BRUTO.—Adiós, buen Strato. Está tranquilo: ¡oh César! ¡No tuve para tu muerte la mitad de la buena voluntad que para la mía! *(Se precipita sobre la espada y muere. Alarma. Retirada. Entran Octavio, Antonio, Messala, Lucilio y su ejército.)*

OCTAVIO.—¿Qué hombre es ése?

MESSALA.—El criado de mi señor. Strato, ¿dónde está tu amo?

STRATO.—Libre de la servidumbre en que estáis vos, Messala. Los vencedores no podrán hacer de él sino una pira. Bruto no se rindió sino a sí mismo y ningún otro hombre tiene el honor de su muerte.

LUCILIO.—Así es como debía encontrarse a Bruto. Gracias, ¡oh Bruto!, que has probado cómo Lucilio había dicho verdad.

OCTAVIO.—A cuantos han servido a Bruto mantendré en mi servicio. Mozo, ¿quieres pasar tu tiempo conmigo?

STRATO.—Sí, si Messala me transfiere a vos.

OCTAVIO.—Consentid, Messala.

MESSALA.—¿Cómo murió mi señor, Strato?

STRATO.—Mantuve su espada y se arrojó sobre ella.

MESSALA.—Octavio, tomadle y que os siga, pues prestó a mi señor el último servicio.

ANTONIO.—Éste fué el más noble romano entre todos ellos. Todos los conspiradores, excepto él, hicieron lo que hicieron sólo por envidia al gran César; sólo él, al asociarse a ellos, fué guiado por un pensamiento de general honradez y del bien común a todos. Su vida era pura, y de tal modo se combinaron en él los elementos, que la naturaleza, irguiéndose, puede decir al mundo: "¡Éste era un hombre!"

OCTAVIO.—Tratémosle conforme a sus virtudes, con todo respeto y solemnidad en sus funerales. Sus restos descansarán esta noche en mi tienda como los de un soldado con los debidos honores. Haced, pues, que reposen las tropas y vámonos a compartir las glorias de este afortunado día. *(Salen.)*

FIN DE
"JULIO CÉSAR"